Éditions l'Etudiant

DIRIGÉES PAR OLIVIER ROLLOT

Études

210 Le Guide des 3es cycles en gestion, commerce, management, économie
211 Bien choisir son CAP, BEP, bac pro
212 Réussir CV et lettres de motivation pour entrer dans une filière sélective

Premier emploi

401 Décrocher son premier emploi
402 Réussir son CV
403 Bien préparer ses entretiens avec les recruteurs
404 S'entraîner aux tests de sélection
406 Le Guide du stage utile
407 Le Guide du CV en anglais
408 Bâtir son projet professionnel
409 Réussir sa lettre de motivation
410 Partir travailler à l'étranger
415 Entrer dans une SSII
418 Comment créer son entreprise
420 Jeunes diplômés : comment convaincre les recruteurs
422 100 CV et lettres de motivation pour tous les profils
423 500 Réponses aux questions des recruteurs
424 Travailler en intérim
426 Bien négocier son contrat de travail
427 Bien négocier son départ de l'entreprise
428 Bien « se vendre » auprès des recruteurs

Concours (sous la direction de Pierre Gévart)

900 2000 QCM de culture générale
901 Le Guide des concours de la fonction publique
902 Bien se préparer aux épreuves d'anglais des concours administratifs
903 Bien se préparer aux épreuves des concours administratifs
904 Bien se préparer aux concours de l'enseignement
905 Bien se préparer aux oraux des concours de la fonction publique
906 Le Grand Livre des QCM de culture générale (tome 1)
908 Réussir ses notes de synthèse
909 300 QCM pour tester vos connaissances sur la fonction publique
911 Bien se préparer aux épreuves de français des concours administratifs
912 S'entraîner aux QCM des concours de la fonction publique
917 Bien se préparer aux épreuves de culture générale des concours administratifs
921 300 QCM pour tester vos connaissances sur le XXe siècle
922 Réussir ses dissertations aux concours administratifs
926 190 QCM pour tester vos connaissances sur les sigles
928 Dictionnaire des citations à l'usage des candidats aux concours
933 Bien choisir sa préparation aux concours de la fonction publique
935 Le Grand Livre des QCM de culture générale (tome 2)

Connaissance (sous la direction de Pierre Gévart)

1 Les Grands Problèmes politiques contemporains
2 Les Grandes Questions de l'économie contemporaine
3 Les Grandes Théories politiques
4 Les Grandes Questions sociales contemporaines
5 La Seconde Guerre mondiale
6 Les Grandes Figures du XXe siècle
7 Les États-Unis : bilan et perspectives
8 Les Pays de l'Union européenne
9 Les Grands Écrivains français
10 Les Grandes Questions des médias
11 Les Grandes Figures de la philosophie
12 Les Grandes Questions de l'histoire contemporaine
13 Les Grandes Questions de la fonction publique
14 Les Grandes Questions du droit constitutionnel
15 Les Grandes Questions de l'Éducation nationale
16 Comprendre les enjeux de la décentralisation
17 Les Droits de l'homme
21 Le Président de la République et les institutions françaises

Les grandes questions sociales contemporaines

Bertrand Affilé, Christian Gentil, Franck Rimbert

letudiant.fr

Sommaire

Pour bien utiliser ce livre, et trouver la bonne réponse
à vos questions, consultez l'index en fin d'ouvrage.

Les informations que nous publions sont à jour en juillet 2007.
Pour les actualiser, lisez chaque mois l'Etudiant
ou consultez le site Internet : www.letudiant.fr

INTRODUCTION

Bien avant l'avènement de la sociologie en tant que discipline scientifique, des philosophes tels que Platon ou Aristote s'interrogeaient sur les principes régissant l'organisation de la vie des hommes en société. Cependant, c'est au moment où les sociétés des pays occidentaux subissent des transformations à la fois politiques (la fin de l'Ancien Régime en France), économiques et sociales (la révolution industrielle et ses répercussions sur les structures sociales) que ces interrogations font l'objet de recherches conduisant à jeter les bases d'un savoir disciplinaire. Aujourd'hui, plus encore qu'hier, la sociologie nous est indispensable pour comprendre pourquoi les hommes agissent d'une certaine manière en société. En effet, les transformations techniques, économiques et politiques impulsées par les hommes se sont accélérées à la fin du XXe siècle. Comment changent-elles les façons de vivre ensemble et de quelles manières ces transformations se répercutent-elles sur la vie quotidienne ? Ces questions nous amènent à nous interroger sur le sens de l'évolution des sociétés modernes. Pour faire le point, un état des lieux des grandes questions sociales était indispensable. Tel est l'objectif de cet ouvrage.

Il permet de dresser, en 70 fiches structurées par un plan détaillé, le bilan des grandes questions sociales de notre temps. Cinq chapitres fédèrent les enjeux liés à ces questions. Le premier chapitre explore la thématique de l'intégration sociale. Le second traite des inégalités et des exclusions. Le troisième aborde les changements affectant le travail, la formation et les conflits. Le quatrième analyse les relations entre pouvoirs politiques et société. Le dernier chapitre étudie, quant à lui, les transformations de la culture et des modes de vie des sociétés développées.

Ce livre se veut donc d'abord un outil au service de chacun afin de mieux comprendre le monde d'aujourd'hui. Il s'adresse par conséquent à tous ceux que les problèmes sociaux intéressent et qui souhaitent approfondir leur réflexion sur les enjeux des évolutions actuelles. En particulier, il constituera une aide précieuse pour les candidats préparant l'épreuve de culture générale d'un examen ou d'un concours administratif de catégorie A ou B. Des repères bibliographiques permettent au lecteur d'approfondir chacune des questions abordées en renvoyant à des travaux accessibles au grand public, mais néanmoins rédigés par des spécialistes.

Bertrand Attilé, Christian Gentil, Franck Rimbert

1 LES GRANDS COURANTS EN SOCIOLOGIE

Au XIXe siècle, une nouvelle science se constitue : la sociologie. D'emblée, deux conceptions s'opposent : pour l'une, les faits sociaux forment un tout qui exerce une contrainte sur les individus, tandis que pour l'autre, les faits sociaux sont le produit de l'action des individus.

ÉMILE DURKHEIM, LE FONDATEUR DE LA SOCIOLOGIE MODERNE

La sociologie comme science

La sociologie a connu de grands précurseurs comme Montesquieu (1689-1755), Alexis de Tocqueville (1805-1859) et Auguste Comte (1798-1857), qui est le premier à introduire le terme de sociologie. Cependant, c'est Émile Durkheim qui est le fondateur de la sociologie moderne. Sa principale préoccupation est de répondre à la question fondamentale : comment les hommes vivent-ils en société ? La question du lien social (voir la fiche 2) traverse toute son œuvre, mais il veut y répondre d'une manière scientifique, c'est-à-dire en définissant un objet spécifique à la sociologie, le fait social, et une méthode de recherche proche de celle des sciences de la nature, la méthode comparative.

Les caractéristiques du fait social

Le fait social possède deux caractéristiques fondamentales : il est extérieur à l'individu, il est contraignant pour l'individu. Ainsi, l'homme social agit en fonction de déterminants sociaux qui s'imposent à lui. Par exemple, Durkheim montre que le suicide est un acte individuel qui a un sens sociologique, car on peut mettre en évidence des régularités sociales qui expliquent cet acte grâce à des statistiques. Durkheim offre une grille de lecture qui permet de comprendre les faits sociaux d'une manière objective. Aujourd'hui, les sociologues ont pris certaines distances avec la sociologie de Durkheim. Cependant, beaucoup reconnaissent sa contribution essentielle et il reste un fondateur incontournable des sciences sociales.

Émile Durkheim

Emile Durkheim est né le 15 avril 1858 dans une famille juive des Vosges. La famille est de condition modeste et l'éducation y est rigoureuse. Après des études brillantes, Durkheim réussit l'agrégation de philosophie en 1882. À partir de 1887, il enseigne à l'université de Bordeaux. Au cours des années 1890, il a une intense activité intellectuelle et le principal de son œuvre sera publié au cours de cette période : *De la division du travail social* en 1893, *Règles de la méthode sociologique* en 1895, *Le Suicide* en 1897. Il fonde *L'Année sociologique* en 1896, première revue scientifique de sociologie en France. Il meurt le 15 novembre 1917.

Bibliographie

- *Henri Mendras et Jean Étienne,* Les Grands Auteurs de la sociologie, *Hatier, 1996.*
- *Danilo Martuccelli,* Sociologie de la modernité, *Gallimard, 1999.*

LA SOCIOLOGIE COMPRÉHENSIVE : MAX WEBER

○ Les déterminants de l'action sociale

La sociologie de Weber est qualifiée de compréhensive, car son objet est de comprendre l'action sociale, c'est-à-dire l'action des individus orientée vers autrui. Pour la comprendre, il distingue quatre déterminants de l'action sociale :

- le comportement traditionnel qui est dicté par l'attachement à la coutume ;
- le comportement affectuel qui implique d'agir sous l'emprise d'une émotion ;
- le comportement rationnel en valeur qui définit des objectifs en fonction de la croyance en des valeurs considérées comme des absolus ;
- le comportement rationnel en finalité par lequel l'action est le résultat d'une confrontation entre les moyens et les fins.

○ L'idéaltype

La compréhension de l'action sociale suppose la construction d'un idéaltype qui peut être considéré comme une construction théorique de la réalité : par exemple, *l'Avare* peut être considéré comme un idéaltype dans le sens où on ne rencontre jamais ce type de personnage dans la réalité, mais il permet de comprendre les comportements liés à l'avarice.

L'utilisation de l'idéaltype est particulièrement éclairante lorsque Weber établit une relation entre l'esprit du capitalisme et l'éthique protestante.

Il définit l'esprit du capitalisme par la volonté de rechercher le profit, ce qui implique le développement de l'épargne afin d'accumuler du capital et donc un mode de vie sobre.

Or, l'éthique protestante, et plus particulièrement calviniste, encourage un mode de vie ascétique afin de gagner le « salut éternel ».

La démonstration de Weber est confirmée par les statistiques : les entrepreneurs capitalistes sont plus souvent protestants que catholiques et l'industrie moderne attire davantage les protestants. La démarche de Weber fut contestée.

Max Weber

Max Weber est né le 21 avril 1864 à Erfurt, en Allemagne dans une famille d'industriels prospères.

Il fait des études de droit et devient professeur d'économie à Heidelberg.

Jusqu'à la Première Guerre mondiale, il fait preuve d'une intense activité intellectuelle, notamment en créant « La Société allemande de sociologie » en 1909 avec Tönnies et Simmel.

En 1913, il présente, dans un article, sa conception de la sociologie compréhensive. Il meurt le 14 juin 1920.

À ces critiques, il répond qu'il n'a pas voulu montrer que la seule cause de l'apparition du capitalisme est le protestantisme, mais qu'il existe une relation entre l'esprit du capitalisme et l'éthique protestante qui permet de comprendre l'émergence de ce nouveau système social.

Foisonnante, l'œuvre de Weber met en évidence le processus de rationalisation, en œuvre dans les sociétés modernes, caractérisé par la généralisation de la démarche scientifique dans toutes les sphères d'activité (politique, droit, économie, etc.), ce qui le conduit à parler de « désenchantement du monde ».

Chapitre 1

FAMILLE ET INTÉGRATION SOCIALE

Une société est un ensemble d'individus qui parviennent à vivre ensemble parce qu'ils partagent la même culture, les mêmes normes sociales, les mêmes valeurs. Ces dernières ne sont cependant pas figées. Les transgressions mineures des normes contribuent à faire reconnaître progressivement de nouvelles valeurs, et, ce, malgré l'établissement d'un contrôle social strict. Cela prouve que les valeurs ne sont pas innées, mais acquises par chacun, car transmises de génération en génération par la famille qui peut être assimilée à la cellule basique du corps social.

Cependant, depuis un certain nombre d'années, cette cellule familiale se métamorphose : les mariages sont moins nombreux, les divorces s'accroissent et de nouvelles formes de familles apparaissent ou sont peut-être à venir, puisque, en 1999, le législateur a reconnu les couples homosexuels par le biais du pacte civil de solidarité. On peut alors se demander dans quelle mesure la famille peut continuer à assurer, aujourd'hui, le même rôle socialisateur qu'autrefois, et ce d'autant plus qu'elle subit la concurrence d'autres agents de socialisation comme les médias. Cette question apparaît d'autant plus fondamentale que, dans le même temps, on assiste à une montée des valeurs individualistes. Celles-ci participent à l'affaiblissement d'institutions sociales telles que l'Église ou l'armée.

Le début du XXIe siècle pose ainsi le sempiternel problème de la cohésion de la société, donc celui du lien social, dans des termes finalement assez proches de la problématique formulée par Émile Durkheim dans son ouvrage *De la division du travail social*, en 1893.

2 LE LIEN SOCIAL

Pourquoi les individus acceptent-ils de vivre en société et d'aliéner leur liberté individuelle ? Cette question est au cœur de la sociologie moderne. Durkheim évoque la solidarité. D'autres insistent sur la notion de contrat. On distingue le lien social dans les sociétés traditionnelles et dans les sociétés modernes.

LE LIEN SOCIAL DANS LES SOCIÉTÉS TRADITIONNELLES : LA SOLIDARITÉ

Dans la communauté, le lien social s'impose à l'individu comme une évidence, c'est-à-dire qu'il est indépendant de la personnalité de chacun.

Communauté et individus

La société féodale est le type même de la communauté traditionnelle. Chaque individu appartient, dès sa naissance, à un ordre et ce de façon définitive. Les principales institutions communautaires sont la famille, l'Église, les corporations et les communes. Ce sont elles qui vont assurer la socialisation des individus.

Au XIXe siècle, la notion de communauté est remise à l'honneur, et Frédéric Le Play (1806-1882) insiste sur le rôle des structures familiales comme facteur prépondérant d'une société dominée par l'insécurité. Nous retrouvons ici un thème récurrent, toujours d'actualité.

La famille comme communauté

Pour Le Play, on rencontre plusieurs structures familiales. La famille patriarcale est dominée par l'autorité du père, jamais remise en cause, ce qui favorise la stabilité de la société.

La « famille instable » se caractérise par son individualisme. Elle est fondée sur le contrat et elle n'a pas d'enracinement dans la propriété.

Ce type de structure familiale est, pour Le Play, la principale cause du désarroi spirituel de la société industrielle du XIXe siècle.

Auguste Comte (1798-1857) s'intéresse aussi à la famille, entre autre à sa structure interne. Il défend le rétablissement de l'autorité paternelle et l'inégalité, nécessaire, entre les membres de la famille.

> **Communauté et société**
>
> Le sociologue allemand Ferdinand Tönnies (1855-1936) distingue les catégories de communauté et de société, distinction qui sera reprise par de nombreux sociologues. La communauté définit des relations sociales fondées sur l'affectivité et l'esprit de groupe. Dans ce cadre, la famille, les réseaux locaux de connaissance sont les exemples les plus purs de la communauté. Quant à la société, elle établit des relations sociales fondées sur l'intérêt individuel : le lien social est formel et artificiel. Le passage de la communauté à la société s'effectue lorsque les économies deviennent industrielles, favorisant le développement urbain. Tönnies y voit le développement inéluctable du socialisme qui détruira, définitivement, les liens communautaires entre les individus.

LIEN SOCIAL ET INDIVIDUALISME

Pour les philosophes des Lumières, les communautés sont considérées comme des institutions irrationnelles contraignantes pour les libertés individuelles et contraires au droit de propriété.

○ Le triomphe de l'individu

Jean-Jacques Rousseau défend la nécessité d'un « contrat social » qui unit des individus libres et égaux. Cette nécessité rejoint les préoccupations des économistes, notamment celles d'Adam Smith (1723-1790) qui démontre que le marché, en laissant jouer les égoïsmes et les intérêts particuliers, permet d'atteindre un équilibre économique, source d'harmonie sociale.

○ Le lien social dans les sociétés modernes

Émile Durkheim montre que l'évolution de la société justifie le changement de nature du lien social. Dans son livre *De la division du travail social*, le sociologue affirme que la division du travail crée une solidarité entre les individus. Dans les sociétés traditionnelles, où le travail est peu divisé, cette solidarité est qualifiée de mécanique : la tradition joue un rôle prépondérant, l'individualisme est inconnu, car les individus sont unis grâce à leur ressemblance et la conscience individuelle est liée à la conscience collective. Le droit privilégie la sanction répressive, c'est-à-dire celle qui vise à atteindre une personne dans sa fortune et même sa vie (droit pénal actuel). Dans les sociétés modernes, la division du travail institue une solidarité organique entre individus libres dont les fonctions sont à la fois différentes et complémentaires. Le droit privilégie la sanction restitutive qui n'implique pas la souffrance des personnes, mais la remise en état des choses (droit civil, droit commercial ou administratif).

L'individu hypermoderne

Depuis les années 1960, nos sociétés sont entrées dans une nouvelle phase (« l'hypermodernité ») marquée par la mondialisation, le déclin des institutions, le triomphe de l'économie libérale, l'individualisation des mœurs. Un certain nombre de sociologues (Jean-Claude Kaufman en France, par exemple) se sont intéressés à ces mutations. Parmi ces analyses, on peut distinguer celle d'Ulrich Beck. Celui-ci, dans son livre majeur *La société du risque* (Aubier, 2001) montre que les risques actuels ne sont pas seulement naturels mais également le produit de l'activité humaine (maladie de la vache folle par exemple). Ainsi, « la société du risque » implique l'individualisation de la vie qui « signifie en premier lieu la décomposition, en second lieu l'abandon des modes de vie de la société industrielle ». Dans cette société qualifiée de « seconde modernité », l'individu ne peut plus s'appuyer sur la tradition pour vivre en société mais doit faire preuve de « réflexivité » car il est contraint de prendre des décisions par lui-même en fonction de l'information dont il dispose.

Lorsque la société connaît une crise du lien social, les idées communautaristes resurgissent. Ce fut le cas au XIXe siècle, les penseurs socialistes comme Robert Owen définiront les bases d'utopies où l'homme est profondément lié à sa communauté. De même, après 1968, des intellectuels prônèrent le retour à la terre et la constitution de communautés villageoises. Aujourd'hui, le régionalisme, l'intégrisme religieux sont autant de nouvelles formes de communautarisme présentées comme des solutions à la crise du lien social.

3 CULTURE ET INTÉGRATION

Depuis le début des difficultés économiques au milieu des années 1970, la société française peine à intégrer les populations d'origine étrangère. L'intégration sociale désigne un processus d'insertion d'un individu ou d'un groupe dans un ensemble cohérent auquel participe la culture.

LA CULTURE

La culture semble avoir une double fonction dans la société. Elle contribue d'abord à définir l'identité de chacun, comme individu distinct des autres, puisque nul n'aura eu le même parcours, les mêmes perspectives, les mêmes apprentissages… Elle permet ensuite à tout individu de s'identifier à un groupe dont il partage les valeurs et les normes; elle façonne donc une identité collective.

> **Qu'est-ce que la culture ?**
>
> **Au sens courant, la culture est souvent assimilée à l'érudition, aux connaissances acquises. Pour le sociologue, la culture désigne l'ensemble des valeurs, des normes et des pratiques partagées par une pluralité d'individus. Tous les groupes humains possèdent une culture spécifique, définie comme un système cohérent centré sur la croyance partagée en des valeurs communes.**

Les influences culturelles

La culture reçue, notamment lors des étapes de socialisation, détermine pour partie les comportements : nous sommes tous plus ou moins prisonniers de notre culture d'origine et de celles des collectivités humaines auxquelles nous appartenons (ou avons appartenu) : l'école, les groupes intermédiaires (amis, pairs…), les structures d'activité professionnelle. En ce sens, la culture permet l'intégration sociale.

Les rapports interculturels

Lorsque deux cultures sont mises en contact de façon régulière ou prolongée, elles agissent l'une sur l'autre. On parle alors de situation d'acculturation, qui peut se définir comme un phénomène d'échange entre deux cultures.

On peut citer l'exemple des petits bretons, basques ou provençaux contraints d'apprendre le français à l'école alors que l'on parlait une langue régionale chez leurs parents. Plusieurs issues sont envisageables pour cette situation d'acculturation :

- le syncrétisme ou métissage culturel : la confrontation des deux cultures aboutit à une culture de synthèse, qui réutilise en les réinterprétant les symboles des deux premières;
- le dualisme culturel, où deux cultures cohabitent sans interpénétration, comme dans les grandes villes américaines, partagées en quartiers ethniques depuis le XIXe siècle;
- la disparition de l'une des deux cultures, en général celle qui est minoritaire (cultures régionales en France). Fréquemment, cette évolution s'accompagne de résistances au changement et voit l'apparition d'intégrismes prônant le retour aux « valeurs traditionnelles ».

L'INTÉGRATION SOCIALE EN PANNE ?

Les mécanismes d'intégration reposent pour l'essentiel sur l'emploi : un emploi ne signifie pas seulement un revenu et une consommation, mais aussi l'obtention d'un statut professionnel et social.

L'effet des difficultés économiques

En période de prospérité, les immigrés ont été intégrés dans la société française par le travail. En période de difficultés économiques, le marché du travail devient plus sélectif et plusieurs catégories en souffrent : les non-qualifiés, les femmes, les jeunes, les handicapés et les immigrés.

Les immigrés subissent davantage le chômage du fait de leur situation exposée sur le marché du travail : ils occupent plus souvent que les autochtones des emplois non qualifiés et ce dans des secteurs parfois fragilisés (industrie...) ou peu rémunérateur dans les services (gardiennage...). Ils connaissent en outre davantage de difficultés de reconversion, ne possédant pas forcément les outils nécessaires pour se former. La rupture des réseaux professionnels entraîne alors un repli sur des solidarités de type communautaire. Le recours efficace à l'entraide communautaire isole encore plus l'immigré de la société française et il conforte chez les enfants d'immigrés l'idée que la société française ne peut pas leur apporter de solution, conviction qui peut être cause et conséquence d'un échec scolaire plus fréquent. Enfin, ceux qui ont réussi leurs études se trouvent confrontés aux discriminations sur le marché du travail et ne peuvent pas toujours valoriser leurs diplômes, devenant un contre-exemple pour les plus jeunes.

Les émeutes de novembre 2005

Dans l'ouvrage *Quand les banlieues brûlent* (éditions La découverte, 2006), dirigé par L. Mucchielli et V. Le Goaziou, les auteurs attribuent les émeutes de novembre 2005 à un ensemble de facteurs, parmi lesquels, outre ceux déjà cités, apparaissent aussi les restrictions de crédits pour les structures des quartiers (associations), l'attitude parfois irrespectueuse des forces de l'ordre, l'influence d'extrémistes ou des caïds... La mort tragiques des jeunes de Clichy n'aurait ainsi été que l'étincelle qui a mis le feu à une situation déjà explosive.

La naissance d'une sous-culture des cités ?

On présente souvent les cités comme des zones de non-droit, c'est-à-dire que les lois de la République y seraient bafouées de manière systématique. Pour certains, la crise de l'intégration se traduit par l'apparition de « tribus », regroupant les jeunes d'une même cité, sans distinction d'origine ethnique ou culturelle. Elles posséderaient leurs propres codes vestimentaires, leurs moyens d'expression (tag, hip-hop...) et leurs propres règles sociales (défense du territoire - la cité - face aux agressions extérieures).

Rassemblés par des conditions de vie identiques (habitat, échec scolaire, difficultés d'insertion professionnelle, manque de moyens...), les jeunes des cités sont placés à l'écart des pratiques sociales françaises, des valeurs et des normes prescrites par la société. Leurs pratiques particulières peuvent alors être interprétées comme une culture spécifique, sous-culture de la société française. D'ailleurs, nombre d'artistes ou de sportifs issus de cette sous-culture ont influencé la culture dominante et intéressé d'autres publics que ceux d'origine. La sous-culture des cités constitue non seulement une alternative d'intégration mais participe aussi au changement social.

4 L'ÉVOLUTION DES FONCTIONS DE LA FAMILLE

Dans toute société, il existe une cellule sociale appelée famille, dont les formes varient selon les cultures. Cette cellule, constituée d'un groupe d'individus rassemblant plusieurs générations d'âge ayant des liens de parenté ou d'alliance, remplit plusieurs fonctions variables selon les sociétés et le temps.

LES FONCTIONS ÉCONOMIQUES DE LA FAMILLE

Le lieu de transmission d'un capital économique

C'est au sein de l'institution familiale que les enfants héritent du patrimoine de leurs parents. Bien que la part héritée représente encore 40 % du patrimoine total, cette fonction patrimoniale a perdu de son importance du fait du poids de la fiscalité sur les successions (allégé il est vrai depuis 2003 en France) et de l'augmentation de l'espérance de vie.

Un lieu de production et de consommation

Dans des économies traditionnelles reposant essentiellement sur l'agriculture et l'artisanat, la cellule familiale était l'unité de production de base. Cette fonction subsiste encore aujourd'hui, mais elle est moins prégnante dans la mesure où le développement de la grande entreprise et du salariat a entraîné la baisse du nombre des artisans, commerçants et chefs d'entreprise, et dans la mesure où l'essentiel de l'activité professionnelle s'exerce le plus souvent désormais hors de la cellule familiale. La production réalisée par cette dernière est donc essentiellement une production domestique intégrant les travaux ménagers, la préparation des repas et le jardinage. Mais là encore le rôle de la famille tend à décroître, car le progrès technique, en diminuant la valeur de la production domestique, stimule les membres du foyer familial à externaliser ces travaux, ceci favorisant par ailleurs l'accroissement de l'activité féminine.

Au plan économique, il reste donc à la famille un rôle essentiellement de consommation. Cette dernière a eu tendance à prendre une place croissante avec l'avènement de la société de consommation de masse et à se diversifier dans le cadre d'une civilisation des loisirs se diffusant à tous les étages de la société. Pourtant, dans les années 1990, la croissance de la consommation a été freinée par la hausse du taux d'épargne et la moindre progression des revenus salariaux.

> **Définition**
>
> **La famille est un ensemble de personnes ayant un lien de parenté (consanguin ou d'alliance). Elle peut être restreinte au couple et à ses enfants célibataires (eux-mêmes sans enfants).**

LES FONCTIONS SOCIALES DE LA FAMILLE

La famille constitue un agent primaire de socialisation

La famille reste le lieu privilégié dans lequel l'enfant apprend très tôt les normes et les valeurs qui composent la culture de la société dans laquelle il est immergé. C'est aussi un lieu de sociabilité où il apprend à communiquer avec l'autre. Ainsi la famille fait-elle de l'enfant un être social. Si cette fonction est concurrencée par d'autres agents de socialisation (voir la fiche 10), la famille n'en reste pas moins aujourd'hui l'élément essentiel. En effet, les actes délinquants sont souvent attribués au produit d'une éducation défaillante pouvant résulter d'une démission de la part des parents.

Par le capital culturel qu'ils leur transmettent, les parents influencent largement les manières de faire, de penser et d'agir de leurs enfants. L'influence est également réelle dans le choix du conjoint. Ainsi l'homogamie (choix du conjoint dans un milieu social proche) est-elle élevée. Le pouvoir des parents est aussi visible dans le domaine des rapports entre les sexes où l'on constate une assez grande pérennité dans la répartition des rôles, le modèle traditionnel de la « femme s'occupant des tâches ménagères » restant lagement dominant. L'influence parentale est également sensible dans le domaine des idéologies, du militantisme et des croyances religieuses.

○ La famille assure des fonctions affectives et de solidarité

La famille reste le cadre d'une solidarité intergénérationnelle s'exprimant par des échanges de services ou la transmission d'un capital social (Pierre Bourdieu) à travers lesquels les parents peuvent faire jouer au profit de leurs enfants tout un réseau de relations, mais aussi à travers des dons d'argent : parmi les ménages de 19-24 ans, 12 % seuleument n'étaient pas aidés par la famille selon l'INSEE en 2002. Même après le départ du domicile parental, l'implication financière des familles auprès des jeunes adultes reste forte.

RÉPARTITION DES FEMMES EN COUPLE SELON LEUR GROUPE SOCIAL ET CELUI DE LEUR CONJOINT (EN %)

Groupe social de l'homme	Groupe social de la femme							
	Agricultrice	Indépendante non agricole	Cadre, profession intellectuelle supérieure	Profession intermédiaire	Employée	Ouvrière	Sans activité professionnelle	Total
Agriculteur	71,1	3,7	1,4	2,3	2,4	3,7	5,6	5,6
Indépendant non agricole	4,4	37,9	8,7	8,7	8,8	7,0	8,7	9,6
Cadre, profession intellectuelle supérieure	1,6	9,7	47,1	24,4	9,5	3,7	10,5	13,1
Profession intermédiaire	3,1	14,0	25,0	31,4	19,7	12,7	11,6	19,4
Employé	4,1	11,2	8,2	13,7	18,8	13,4	14,7	15,3
Ouvrier	14,6	23,3	8,5	18,9	40,6	59,2	46,1	36,3
Sans activité professionnelle	0,1	0,2	1,1	0,6	0,4	0,3	2,8	0,6
Total	100,0	100,0	100,0	100,0	100,0	100,0	100,0	100,0

Champ : femmes vivant en ménage ordinaire, en couple en 1999 ou ayant déjà vécu en couple.

Source : INSEE, enquête « Étude de l'histoire de la famille » de 1999. Données sociales INSEE, 2006.

5 LA CRISE DE LA FAMILLE

Le modèle de famille en France jusqu'à la fin des années 1960 se caractérisait par un couple marié, ayant des enfants, et que seule la mort séparait. Le père, chef de famille, exerçait une activité professionnelle (celle de la mère restant exceptionnelle). Aujourd'hui, l'institution familiale est-elle menacée ?

LA FAMILLE TRADITIONNELLE EST EN CRISE DEPUIS LA FIN DES ANNÉES 1960

Aujourd'hui, les couples se marient moins qu'autrefois et de plus en plus tard.

Les symptômes de la crise

Les mariages, bien qu'en légère augmentation depuis 1995, restent à un niveau faible et le célibat prend de l'importance. Parallèlement, la croissance des divorces fait apparaître de nouveaux modèles familiaux : familles monoparentales, recomposées... Il n'est donc pas surprenant que les naissances soient moins nombreuses qu'autrefois.

Les explications de cette crise

Le changement dans les valeurs peut permettre de comprendre cette évolution ; l'émergence d'un désir de liberté, à tous les niveaux dans la société française, aboutit au refus de toute contrainte et aiguise le désir de vivre pleinement sa vie, et en toute indépendance. Celle-ci est du reste facilitée par le développement de l'activité professionnelle des femmes.

ÂGE MOYEN AU PREMIER MARIAGE

	Hommes	Femme
1980	25,1	23,0
1985	26,3	24,2
1990	27,6	25,6
1995	28,9	26,9
2000	30,2	28,0
2001	30,2	28,1
2002	30,4	28,3
2003	30,6	28,5
2004	30,8	28,8
2005	31,1	29,1

Source : bilan démographique 2005, INSEE. http://www.insee.fr/fr/ffc/pop_age3b.htm

• La montée de l'individualisme joue également un rôle dans cette crise. Nos sociétés valorisent de plus en plus l'individu aux dépens du groupe dans lequel il se situe. Les médias, et notamment la publicité, témoignent de cet éloge du Moi.

• Les progrès techniques et les transformations structurelles de la société constituent aussi des explications de cette crise de la famille traditionnelle. En effet, les moyens existent désormais pour réaliser les rêves de liberté de chacun : de la contraception à la généralisation de la société des loisirs (permettant, entre autres, la multiplication des rencontres) en passant par la reconnaissance sociale et juridique du divorce (loi sur le divorce par consentement mutuel en 1975), tout favorise l'émancipation... Mais aussi l'individualisme ! Cela explique l'instabilité d'un certain nombre de couples qui se créent, et l'arrivée tardive du premier enfant, ce qui, fatalement, diminue la descendance finale des femmes.

• Enfin, il faut aussi souligner l'environnement économique (insécurité et incertitude créées par le chômage et instabilité professionnelle induite par les changements économiques) qui ne favorise guère l'installation en couple et qui incite les jeunes à poursuivre leurs études et à rester plus longtemps chez leurs parents.

LA CRISE DE LA FAMILLE N'EST QUE FORMELLE

Aujourd'hui encore, la vie en couple reste un modèle prédominant.

○ Les fondements de la famille subsistent

Être célibataire et disposer d'un logement séparé de celui de ses parents ne signifie plus que l'on vit seul. En témoigne la forte croissance des naissances hors mariage. Cela signifie que, désormais, la formation des couples passe de plus en plus par l'union libre, qui progresse notamment chez les moins de 35 ans. Néanmoins, le mariage reste la référence majeure pour de nombreuses catégories sociales, la présence d'un enfant jouant en sa faveur. Les enfants eux-mêmes sont certes moins nombreux, mais ils sont plus que jamais désirés; les succès de l'adoption comme ceux de l'insémination artificielle le prouvent. La crise de la famille se manifeste donc davantage à travers l'émergence de nouveaux modèles familiaux (familles monoparentales, familles recomposées, couple de concubins) que par une remise en cause de ses fondements que constituent le couple et son (ses) enfant(s).

PART DES MARIAGES LÉGITIMANT UNE NAISSANCE ET TAUX DE NUPTIALITÉ (NOMBRE DE MARIAGES DE L'ANNÉE POUR 1000 HABITANTS

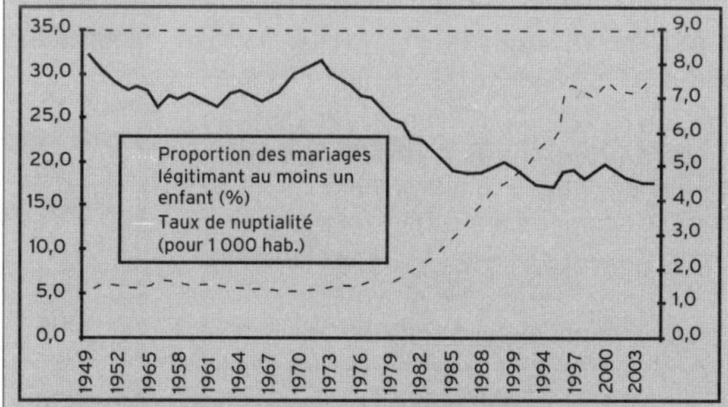

Source : d'après INSEE, tableaux de l'économie française 2006. http://www.insee.fr/fr/ffc/chifcle_fiche.asp?ref_id=NATTEF02310&tab_id=35

Sur ce point, la famille nucléaire (ou conjugale) hétérosexuelle, composée des parents et des enfants non mariés demeure le modèle dominant dans la France d'aujourd'hui. L'adoption du PACS (pacte civil de solidarité, fiche 8) n'affectera probablement pas cette norme à moyen terme.

○ La famille reste une « valeur refuge »

La famille assure les mêmes fonctions qu'autrefois bien que celles-ci évoluent (fiche 4). De plus, l'idée selon laquelle la famille se désagrège s'appuie sur l'accentuation des contraintes économiques; en imposant une mobilité géographique des membres d'une même famille, celles-ci ne pouvaient que conduire à l'effilochement du tissu familial. Or le tissu des relations entre membres d'une famille reste serré; l'éloignement géographique des enfants et des parents est faible, et les échanges de services entre les membres d'une même famille sont nombreux. La crise économique, avec la montée du chômage, a largement contribué à accentuer la solidarité familiale. Aujourd'hui, la famille demeure encore un lieu de protection.

6

LE DIVORCE

La principale forme d'alliance matrimoniale dans les pays développés reste encore le mariage, c'est-à-dire l'union légitime d'un homme et d'une femme par laquelle est fondée une famille socialement et légalement reconnue. Cependant, cette famille est remise en question à travers la hausse d'unions libres et de divorces.

UNE BANALISATION DES DIVORCES DANS L'ENSEMBLE DES PAYS DÉVELOPPÉS

Croissance des divorces

En France, le nombre des divorces a presque doublé entre 1975 et 1985. Après une progression ralentie (+ 10 % entre 1985 et 1997), il a légèrement chuté entre 1997 et 2001 (- 3 %) alors que le nombre des mariages augmentait légèrement (+ 9,7 % entre 1998 et 2000). Néanmoins, en 2001, on comptait 92,6 divorces pour 10 000 couples mariés alors qu'ils n'étaient que 29 pour 10 000 en 1960.

Si la progression devait se poursuivre, plus d'un mariage sur trois se terminerait par un divorce dans les années à venir.

Cette prévision pourrait d'ailleurs se réaliser plus vite en Île-de-France (et globalement dans les grandes zones urbaines) puisque la fréquence des divorces y est plus importante qu'ailleurs, notamment en milieu rural.

MARIAGES ET DIVORCES

Année	Nombre de mariages	Nombre de divorces prononcés
1990	287 099	105 813
1991	280 175	108 086
1992	271 427	107 994
1993	255 190	110 759
1994	253 746	115 658
1995	254 651	119 189
1996	280 072	117 382
1997	283 984	116 158
1998	271 361	116 515
1999	286 191	116 813
2000	297 922	114 005
2001	288 255	112 631
2002	279 087	115 861
2003	275 963	125 175
2004	271 598	131 335
2005	276 303	152 020
2006 (p)	268 100	nd

(p) : provisoire ; nd : non disponible
*Il s'agit de la proportion de premiers mariages.
Champ : France métropolitaine.
Source : INSEE, bilan démographique.

Comparaisons internationales

Ainsi, avec un taux de divortialité de 4,2 en 1999, les États-Unis sont plus touchés que le Japon (1,6 en 1996). Dans l'Union européenne, ce taux est passé de 1,4 en 1980 à 1,9 pour 1 000 habitants en 2001.

L'Europe du Nord semble globalement davantage frappée que l'Europe du Sud avec un taux de divortialité compris entre 2,4 et 2,8 en Suède, Finlande et Norvège contre 0,7 et 1,1 en Italie, en Espagne ou en Grèce. Seuls deux pays nouvellement entrés dans l'Union européenne (la Lettonie et l'Estonie) connaissent une diminution du pourcentage de divorces enregistrés rapportés au nombre de mariages enregistés entre 1980 et 2003.

LA MONTÉE DES DIVORCES REFLÈTE LES CHANGEMENTS DE SOCIÉTÉ

L'évolution du nombre de divorces peut-être interprétée comme le signe d'un affaiblissement de la force du lien matrimonial. Mais elle constitue bien davantage un indicateur du changement dans la finalité du mariage.

Caractéristiques sociologiques des divorces

Les ruptures de l'union conjugale atteignent leur maximum vers la quatrième année de mariage; leur fréquence est moindre à mesure que la durée du mariage augmente. Elles semblent cependant toucher plus qu'autrefois toutes les tranches d'âges. Le divorce concerne plus les salariés que les agriculteurs et les membres des professions indépendantes, et plus souvent les couples dans lesquels la femme est active. Au sein de ces derniers la probabilité de divorcer semble plus faible dans les couples homogames (les deux conjoints appartiennent au même milieu social). Enfin, le divorce touche davantage les couples ayant des enfants dont la garde est plus souvent octroyée à la mère après la rupture.

La loi réformant le divorce en vigueur au 1er janvier 2005

La loi relative au divorce est parue au *Journal officiel* daté du mercredi 27 mai 2004. Destinée à « pacifier » la séparation et à simplifier les procédures, cette réforme est appliquée en France depuis le 1er janvier 2005. Actuellement, les divorces pour faute représentent encore 42 % des cas, selon le ministère de la Justice.

Parmi les principales dispositions de la loi, la procédure de divorce par « consentement mutuel » est allégée, avec une seule audience obligatoire au lieu de deux devant le juge. Le recours au « divorce accepté » est facilité. Le divorce pour rupture de la vie commune devient le « divorce pour altération définitive du lien conjugal ». Il pourra être prononcé après deux ans de séparation constatée, contre six ans auparavant. Le « divorce pour faute » est maintenu en cas de « violation grave ou renouvelée des devoirs et obligations du mariage ».

En outre, la loi assouplit également les modalités d'attribution de la prestation compensatoire. Le versement sous forme de capital est favorisé. La prestation ne sera plus fonction de la répartition des torts. Enfin, elle pourra être versée pour tous types de divorce.

Site Internet Légifrance (27/05/04): http://www.service-public.fr/accueil/loi_divorce.html

Interprétations du phénomène

Désormais, la constitution du couple apparaît plus fondée sur la personne des conjoints et sur le sentiment amoureux que sur la constitution de la famille et la procréation.

Dans une société où le plaisir individuel prime, les partenaires d'une union tolèrent mal de vivre imparfaitement ensemble. L'instabilité du couple marié s'inscrit par ailleurs dans celle, plus générale, de la société et de l'économie. Ainsi un changement d'ordre professionnel de l'un des conjoints peut parfois rompre l'équilibre du couple. En outre, du fait de l'allongement de l'espérance de vie, la durée potentielle de vie commune s'est accrue. Aussi le divorce peut-il être perçu comme un moyen de supplanter la mort dans la séparation des couples, la succession de plusieurs vies conjugales n'apparaissant plus comme un phénomène anormal. La plus grande acceptation sociale du divorce en fait un recours normal en cas d'échec de l'union conjugale. Ce phénomène est d'ailleurs favorisé par la législation puisque la loi du 11 juillet 1975 prévoit, outre le divorce pour faute ou pour rupture de vie commune, le divorce par consentement mutuel.

7 LES FAMILLES MONOPARENTALES ET RECOMPOSÉES

De nouvelles formes de familles se sont développées. La famille monoparentale est constituée d'un parent vivant seul avec ses enfants tandis que la famille recomposée, issue d'une nouvelle union après une rupture, réunit un couple dont l'un des membre, ou les deux, a eu des enfants d'une union précédente.

LES FAMILLES MONOPARENTALES ET RECOMPOSÉES

Une forte croissance

Avant les années 1970, la monoparentalité tout comme l'existence de familles recomposées trouvaient leur origine dans le décès d'un des deux conjoints, mais ces formes de famille se révélaient limitées. Depuis le milieu des années 1970, et du fait de la croissance des divorces parallèlement à la hausse de l'espérance de vie, leur progression est spectaculaire. Ainsi, alors qu'elles représentaient à peine 3 % des ménages en 1968, les familles monoparentales en représentent plus de 7 % en 2001. Il n'est donc pas étonnant que la part des enfants à charge vivant dans les familles monoparentales ait fortement augmenté dans les pays développés.

TAUX DE PERSONNES VIVANT SOUS LE SEUIL DE PAUVRETÉ SELON LE TYPE DE MÉNAGE, EN 2004

Type de ménage	Seuil à 60 % – Taux de pauvreté en %	Seuil à 50 % – Taux de pauvreté en %
Ménages dont la personne de référence a moins de 65 ans	12,4	6,9
Personnes seules	17,0	12,5
Familles monoparentales :	24,5	12,2
Pères	*16,2*	*7,2*
Mères inactives	*47,6*	*25,0*
Mères actives	*20,2*	*9,9*
Couples	10,0	5,5
Ensemble	**11,7**	**6,2**

Champ : ménages dont le revenu déclaré est positif ou nul et dont la personne de référence n'est ni retraitée ni étudiante.

Source : INSEE-DGI, enquête revenus fiscaux 2004.

Changement de l'image de ces familles, mais maintien d'inégalités entre sexes

L'importance croissante de ces nouvelles formes de famille est à relier au changement dans la perception que la société s'en faisait. Aujourd'hui, les mères célibataires ou divorcées ne sont plus considérées comme « déviantes », c'est-à-dire hors norme. De même le remariage, autrefois souvent mal perçu, notamment dans les communes rurales, est perçu autrement, au point qu'en 1990 déjà près d'un mariage sur quatre était un « remariage ».

Si la recomposition familiale s'effectue en moyenne dans les cinq ans suivant la rupture, hommes et femmes demeurent cependant fortement inégaux sur ce point ; ainsi les hommes se remettent-ils plus rapidement et plus souvent en couple que les femmes.

On peut avancer comme explication partielle à ceci le fait que les femmes obtiennent plus fréquemment que les hommes la garde des enfants, ce qui ne facilite sans doute pas les nouvelles rencontres. Par ailleurs, parmi celles qui se remettent en couple, on recense un nombre plus élevé de femmes non ou peu diplômées ayant plus de difficultés à assumer leur indépendance. C'est donc dans le bas de l'échelle sociale que les familles recomposées sont les plus nombreuses.

LES CONSÉQUENCES DE CES NOUVELLES FORMES DE FAMILLE

Selon le recensement de l'INSEE, une famille avec enfant sur dix est recomposée et deux sur dix sont monoparentales.

Les familles recomposées bouleversent la notion de parenté

Plus de 16 % des jeunes de moins de 25 ans vivant dans un foyer parental sont dans une famille monoparentale et près de 7 % dans une famille composée d'un parent et d'un beau-parent.

Dans les familles recomposées, les relations entre parents non biologiques et enfants peuvent engendrer certaines tensions, chacun devant définir sa place et son rôle, en particulier lorsque le mariage ou le concubinage d'adultes amène les enfants de deux familles à vivre sous le même toit. La notion de « famille-foyer » réunissant les membres d'un groupe devient alors caduque. La progression des familles recomposées accroît de plus la probabilité pour un enfant d'avoir dès sa naissance des demi-frères ou demi-sœurs; celle-ci est passée de 6 % environ dans les années 1970 à près de 20 % en 2000. Dès lors, les relations de parenté s'en trouvent brouillées, ce qui pose le problème de la filiation, un même individu pouvant être élevé par son beau-père ou sa belle-mère tout en conservant des liens avec son père ou sa mère biologique. La loi française devra s'adapter à cette évolution, le mariage restant jusqu'à présent fondateur de la parenté.

> **Le seuil de pauvreté**
>
> Un individu (ou un ménage) est considéré comme pauvre lorsque le niveau de vie du ménage est inférieur au seuil de pauvreté. Le seuil de pauvreté est déterminé par rapport à la distribution des niveaux de vie de l'ensemble de la population. L'INSEE le fixe habituellement à 50 % du niveau de vie médian tandis qu'Eurostat privilégie le seuil de 60 % du niveau de vie médian.

Risque de fragilisation sociale

Rares sont les ruptures de couples qui se réalisent en douceur. La multiplication des familles monoparentales s'accompagne parfois d'une perte de repères tant pour les parents séparés que pour les enfants.

En outre, la désunion entraîne en général un appauvrissement des ménages et accroît le risque d'exclusion et de dépendance sociale à l'égard du système redistributif, notamment pour les femmes peu ou pas diplômées et inactives avant la séparation. L'importance du réseau social (famille, amis) parvient à limiter cette fragilité, mais elle est très inégale d'un milieu social à l'autre.

8 DU PACS AU MARIAGE HOMOSEXUEL

Le 13 octobre 1999 naissait le PACS (pacte civil de solidarité) afin de conférer un statut légal aux couples non mariés sans bouleverser les valeurs traditionnelles. Cependant l'idéal d'égalité tend à déplacer le problème sur la légalisation du mariage homosexuel.

LE PACTE CIVIL DE SOLIDARITÉ

Le PACS est conclu entre deux personnes physiques majeures, de sexe différent ou non, formant un couple.

Un contrat judiciaire conférant des droits et des devoirs

Le PACS est un « contrat » enregistré au greffe du tribunal d'instance dans la ville où la résidence commune est fixée. Il concerne tout couple non marié hétérosexuel ou homosexuel, mais il ne peut être conclu entre membres d'une même famille. Le PACS peut être rompu par la volonté, le mariage ou le décès du partenaire qui bénéficie du droit de reprise du bail. Une personne pacsée peut profiter de la Sécurité sociale de son partenaire et bénéficie d'un abattement sur les successions et les donations. Les revenus sont soumis à une imposition commune à compter de la troisième année de la signature du PACS.

> **Les PACS**
>
> En 2005, 60 500 PACS ont été conclus, 50 % de plus qu'en 2004. Sur les trois premiers trimestres de l'année 2006, 57 500 PACS ont déjà été enregistrés, soit à peine moins que sur l'ensemble de l'année 2005. Au total, depuis leur création en novembre 1999, 263 000 PACS ont été contractés. Le nombre de dissolutions augmente également. Il est de 8 700 en 2005, soit 23 % de plus qu'en 2004, et atteint déjà 6 800 sur les neuf premiers mois de 2006. 33 600 PACS ont été dissous depuis 1999, soit 12,8 % des pactes contractés.
>
> *Source : INSEE. Bilan démographique 2006. (http://www.insee.fr/fr/ffc/pop_age4.htm).*

De leur côté, les entreprises doivent tenir compte des possibilités du partenaire d'un PACS pour l'attribution des vacances, et accorder des jours de congé en cas d'événement grave touchant le partenaire. Les personnes pacsées s'apportent « une aide mutuelle et matérielle » et sont tenus « solidairement » par les dettes contractées pour la vie courante et pour les dépenses relatives au logement commun.

La signature d'un PACS entraîne la perte de certains droits, comme l'allocation de parent isolé, l'allocation de veuvage, la pension de réversion, etc.

POUR OU CONTRE LE PACS ?

Le PACS répond à un désir accru d'égalité et à un changement dans les mœurs

En 2005, 60 500 PACS ont été conclus, alors qu'il n'étaient que 6 000 en 1999. La plupart sont signés dans les grandes villes, surtout à Paris. Il faut voir dans cette croissance le signe d'une demande de reconnaissance sociale des unions différentes de celles traditionnellement reconnues par le mariage. Du reste, celui-ci a depuis longtemps perdu une partie de son importance (fiche 6). Or le droit n'avait pas suivi la rapidité de ces transformations. En particulier, les homosexuels vivant en couple rencontraient des discriminations, puisque le concubinage ne leur était pas reconnu par le code civil. Ils se voyaient donc exclus de nombreux droits.

VERS LE MARIAGE HOMOSEXUEL

Les pacsés demeurent encore privés du droit d'adoption. C'est une des raisons à l'origine de revendications en faveur du mariage homosexuel.

Pour un mariage homosexuel

Le mariage organisé par Noël Mamère en juin 2004, à Bègles, a attiré l'attention sur les revendications relatives à la légalisation du mariage pour les couples de même sexe, donc sur la possibilité pour ces couples d'adopter. De fait, depuis 1989, 9 pays européens ont donné aux couples homosexuels la possibilité de faire enregistrer leur union par un représentant de l'État. Cette évolution trouve son fondement dans la quête de toute société démocratique de l'égalité des conditions. De plus, certains avancent que si la différenciation des sexes peut-être légitime dans la sphère publique, elle ne l'est plus dans la sphère familiale.

Les opposants au mariage homosexuel

Largement inspirés par un courant catholique traditionaliste les opposants au mariage homosexuel considèrent la famille comme une institution essentielle dans la reproduction sociale, dont les structures sont définies une fois pour toutes.

Aussi doit-elle être protégée de la volonté des individus de s'en émanciper. Ils estiment que le mariage homosexuel relève d'une vision de la société née des mouvements libertaires de 1968 et qu'il met en danger les fondements même de la famille. Ils dénoncent un bouleversement des règles de la filiation, un affaiblissement de la protection juridique des enfants et la dérive qui pourrait permettre aux couples homosexuels de constituer une famille. La mission d'information de l'Assemblée nationale sur la famille, crée le 7 décembre 2004, s'oppose ainsi à l'ouverture du droit au mariage et à l'adoption par les couples de même sexe.

Le mariage homosexuel

Deux ans et neuf mois. C'est le temps qu'aura duré le premier mariage homosexuel de France, célébré à Bègles le 5 juin 2004, par Noël Mamère (Verts). La Cour de cassation l'a annulé hier, en rejetant le pourvoi formé par Stéphane Chapin, 36 ans, et Bertrand Charpentier, 33 ans. La plus haute juridiction française a suivi le tribunal de grande instance de Bordeaux, qui avait annulé le mariage le 27 juillet 2004, décision confirmée le 19 avril 2005 par la cour d'appel. Les avocats des ex-mariés de Bègles ont fait part hier de la « déception » de leurs clients. Noël Mamère a indiqué ne pas être étonné par la décision de la Cour de cassation, dans le contexte de la présidentielle. « Je ne regrette pas une seconde un acte éminemment politique, parce que j'ai ouvert le débat. » Il ajoute que les deux ex-mariés vont saisir la Cour européenne des droits de l'homme.

Source : Journal 20 Minutes *du 13 mars 2007.*

9 L'INNÉ ET L'ACQUIS

Le débat sur l'influence respective de l'inné et de l'acquis est récurrent dans les médias, démontrant ainsi l'intérêt de l'opinion publique pour cette question. Il s'agit de savoir si les comportements humains (ou les inégalités entre les hommes) s'expliquent par la biologie ou par l'influence de l'environnement social.

L'OPPOSITION TRADITIONNELLE ENTRE NATUREL ET CULTUREL

Déterminants biologiques du comportement…

La sociobiologie est la discipline qui tente de prouver que les comportements individuels ou collectifs relèvent du patrimoine génétique de l'individu (ou du groupe biologique). Les domaines d'application sont extrêmement variés : de la répartition sexuelle des rôles aux capacités à développer des relations sociales, jusqu'aux « prédispositions » plus fortes de certaines populations pour les activités sportives, la violence ou l'échec scolaire…

On comprend aisément que des publications comme celles de C. Murray et R. Herrstein (*La Courbe en cloche*, 1994) soutenant qu'il existe une différence significative et stable de QI (quotient intellectuel) de l'ordre de 15 points entre Blancs et Noirs aux États-Unis, puissent servir d'alibis « scientifiques » à des thèses extrémistes, voire conduire à des doctrines vantant l'eugénisme.

Une version édulcorée de « l'innéisme » se retrouve dans la théorie du don, selon laquelle les talents sont distribués aux individus au hasard d'une loterie génétique. Il revient alors à la société de faire en sorte que chacun puisse faire fructifier ses talents, sans que ses origines sociales ou ethniques n'entrent en compte.

Cette thèse, fréquemment répandue dans notre pays, est à la base de l'élitisme républicain : la société doit donner les mêmes chances à tous, à chaque niveau de sélection, les plus doués s'en sortiront et resteront dans la compétition pour l'accès à l'élite, les autres rentreront dans le rang, en ayant été au bout de leurs « possibilités ».

… ou déterminants sociaux ?

La thèse selon laquelle l'essentiel des comportements humains dépendrait de caractéristiques acquises au cours de la vie sociale peut être qualifiée d'environnementaliste. En effet, défendue par des anthropologues, elle postule que c'est la culture acquise par un individu qui influence son comportement.

Par exemple, plusieurs études centrées sur le QI d'enfants adoptés montrent que le fait d'être élevé par des parents adoptifs à haut niveau socio-économique permet aux enfants adoptés d'avoir un QI plus élevé ou une réussite scolaire plus grande que ceux adoptés par des familles à plus faible niveau socio-économique, y compris lorsque leur milieu social de départ est identique.

Les analyses de Pierre Bourdieu (*Les Héritiers*, 1964 ; *La Reproduction, éléments pour une théorie du système d'enseignement*, 1976 – ouvrages publiés aux éditions de Minuit) sur le rôle du système éducatif sont basées sur les mêmes hypothèses, l'élitisme républicain devenant alors une sorte d'alambic à distiller des élites issues de l'élite !

LES INTERACTIONS ENTRE NATURE ET CULTURE

L'environnement social influence l'évolution biologique...

L'influence de l'environnement social et culturel sur les phénomènes naturels est aisément repérable en relevant la surmortalité de certaines catégories sociales aux âges « jeunes » du fait d'une réticence à se soigner correctement ou de l'adoption d'un mode de vie plus risqué. Dans le même registre, on peut invoquer la fécondité différentielle en fonction du niveau socioculturel des couples. Il est aussi possible de montrer que l'hominisation, autrement dit le long processus qui aboutit à l'homme tel que nous le connaissons aujourd'hui, a été le résultat d'une interaction entre l'inné et l'acquis. Selon Yves Coppens, placés dans des conditions de vie dangereuses dans la savane, certains hominidés ont dû développer des compétences nouvelles pour survivre (station debout, utilisation des membres supérieurs pour autre chose que la marche...) qui ont nécessité un développement du cerveau. De génération en génération, la taille du cerveau a ainsi augmenté, permettant l'apparition du langage et la fabrication d'objets, lesquels ont accru la capacité à survivre et permis de nouvelles transformations biologiques pour aboutir à l'Homo sapiens. De l'australopithèque à l'homme actuel, le volume crânien est ainsi passé de 600 cm^3 à 1 500 cm^3.

La théorie de Darwin appliquée aux sociétés humaines

Selon Jared Diammond* [...] c'est la compétition pour la survie entre les différentes sociétés humaines qui assure le succès de telle ou telle depuis le paléolithique supérieur. Les contraintes climatiques ou géographiques orientent la « compétition/sélection » sur le très long terme. [...] Cette compétition serait le fondement même de toutes les relations entre les sociétés humaines. Dans tous les cas, les sociétés qui subjuguent ou détruisent les autres sont le fruit réussi d'une compétition sévère, qui a sélectionné des traits culturels, économiques et politiques performants.

*Jean-Claude Ruano-Borbalan, Sciences humaines, n° 119, août 2001. * Jared Diammond,* De l'inégalité parmi les sociétés, *Gallimard, 2000.*

... et les contraintes naturelles entraînent une mutation culturelle

Un des arguments majeurs pour illustrer l'idée que la nature peut être à la base de comportements culturellement déterminés nous est fourni par l'ethnologue Claude Lévi-Strauss dans *Les Structures élémentaires de la parenté* (1949). Il y montre que la prohibition de l'inceste, constante dans toutes les sociétés humaines, pousse des groupes naturels issus de la procréation à s'échanger des femmes pour éviter les unions consanguines sources d'appauvrissement du patrimoine génétique, donc pouvant conduire à l'extinction des groupes humains concernés.

Ainsi sont constitués des réseaux d'alliances qui forment les relations sociales à la base de la parenté. Dans le même ordre d'idées, l'obligation de prendre femme à l'extérieur du clan (par exemple, chez les Indiens des plaines d'Amérique du Nord) et donc d'entreprendre un long voyage pour trouver une épouse, obéissait à un double impératif : renouveler le patrimoine génétique du clan et organiser une sélection pour permettre aux hommes les plus aptes à survivre d'engendrer une progéniture susceptible d'avoir les mêmes qualités (amélioration de l'espèce).

10 LA SOCIALISATION

La socialisation d'un individu est le processus par lequel il apprend et intériorise les valeurs et les normes de son groupe social et de la société dont il est membre. Comme elle se poursuit tout au long de la vie, la socialisation s'effectue par l'intermédiaire d'agents de socialisation ayant un rôle spécifique.

LES AGENTS DE SOCIALISATION

Les agents primaires de socialisation

Les agents primaires de socialisation sont ceux qui assurent la socialisation d'un être social « neuf », c'est-à-dire qui n'a jamais été socialisé (un nourrisson). Ils portent donc la responsabilité de l'apprentissage et de l'intériorisation des normes sociales fondamentales.

La famille doit ainsi apprendre au petit enfant qu'il n'est pas seul au monde et qu'il existe des limites à ses désirs : par exemple, apprendre à un bébé à manger à heures fixes, en même temps que le reste de la famille, et pas au moment où il commence à avoir faim.

De même, l'école (ou la crèche pour les plus jeunes) a pour première mission de faire comprendre aux petits enfants qu'ils vivent en société, parmi d'autres personnes qu'ils doivent respecter, même s'ils n'ont pas de relations de parenté ou affectives avec elles.

Les milieux de socialisation

Ce sont des instances de socialisation dont l'action est plus diffuse et indirecte. Qu'il s'agisse du milieu géographique, ethnique ou social, son influence s'inscrit le plus souvent dans l'action des agents primaires ou secondaires. Par exemple, l'éducation donnée par chaque famille reflète en partie les valeurs du milieu social d'origine.

Les agents secondaires de socialisation

Ils ont pour tâche d'adapter un individu déjà socialisé à un environnement social spécifique : ils doivent assurer l'apprentissage et l'intériorisation de valeurs et de normes spécifiques à un groupe social particulier. Leur action est donc permanente tout au long de la vie.

Ainsi, à son arrivée dans une entreprise, un travailleur doit comprendre non seulement les relations fonctionnelles dans le collectif de travail, mais aussi les valeurs qui animent les salariés de l'entreprise : par exemple, le sens du travail bien fait dans le monde artisanal s'oppose au souci de la rationalité dans l'industrie.

Les groupes intermédiaires (syndicats, associations, partis politiques…) assurent la socialisation de leurs membres : un nouvel adhérent d'un parti politique doit apprendre les valeurs et les manières de s'exprimer spécifiques à son parti pour mieux militer…

Les groupes de pairs, c'est-à-dire un ensemble formé par des individus dont le statut social est identique, exercent aussi une action socialisante par l'intermédiaire des phénomènes de mode qui se diffusent dans le groupe (par exemple, les expressions employées par les jeunes). Les médias contribuent aussi à la socialisation (voir la fiche 13).

LES THÉORIES DE LA SOCIALISATION

L'approche de la psychologie sociale

Selon le psychosociologue Jean Piaget, dont l'analyse a été prolongée par Annick Percheron (*La Socialisation politique*, Armand Colin, 1993), le processus de socialisation consiste à adapter l'individu à des situations sociales de plus en plus complexes en passant à chaque étape par deux mouvements antagonistes.

D'une part, l'assimilation se traduit par une tentative de modification de l'environnement social par l'individu, afin de le rendre conforme à ses désirs.

D'autre part, l'accommodation implique que l'individu socialisé transforme son comportement pour satisfaire les attentes de la société. Ainsi la socialisation apparaît-elle comme un processus permanent de « destruction créatrice » d'équilibres et d'identités sociales.

Une socialisation par la contrainte dans l'analyse holiste

Pour les auteurs relevant de la tradition holiste, tels Émile Durkheim (1858-1917) ou Pierre Bourdieu (1930-2002), la socialisation consiste à l'intériorisation par l'individu de l'habitus du groupe social auquel il appartient, c'est-à-dire « ce que l'on a acquis et qui s'est incarné de façon durable dans le corps sous forme de dispositions permanentes » (Pierre Bourdieu in *Questions de sociologie*, 1980). Cette incorporation passe par l'éducation, qui selon Durkheim a pour but de couler l'individu dans un « moule » aux contours socialement bien arrêtés.

En traversant les différents champs de la vie sociale, chaque individu incorpore ainsi à son habitus d'origine ceux des groupes sociaux auxquels il appartient ensuite.

Culturaliste ou fonctionnaliste

L'approche culturaliste, menée par exemple par Ruth Benedict, considère que la personnalité des individus ainsi que leur comportement résultent de la culture de leur milieu.

Pour les tenants de l'approche fonctionnaliste, tels Talcott Parsons (1902-1970), la socialisation a pour fonction d'assurer l'intériorisation par l'individu des quatre fonctions inhérentes au système social (adaptation, réalisation des fins, intégration systémique, maintien des valeurs), d'où l'idée d'une socialisation adaptatrice défendue par Robert K. Merton (1910).

Une socialisation par interactions

Pour G.-H. Mead (1863-1931), la socialisation s'effectue par interactions entre l'individu et son milieu. L'individu socialisé, l'enfant par exemple, construit alors sa personnalité en copiant dans un premier temps le comportement des personnes qui lui sont proches (ses parents), puis il interprète librement les rôles qu'il souhaite, en se confrontant aux règles de comportement imposées par la communauté.

Ainsi, dans un même contexte social, plusieurs enfants n'auront pas le même comportement, car leur personnalité les conduira à accepter plus ou moins les règles communautaires, celles-ci en retour n'ayant pas façonné à l'identique les personnalités individuelles.

11 LE COMMUNAUTARISME

À l'origine, le communautarisme désigne un courant de pensée nord-américain qui critique, depuis les années 1980, les excès de l'individualisme moderne. Souvent passionné, le débat sur le communautarisme, qui resurgit en France, pose la question de la reconnaissance des identités culturelles.

COMMUNAUTARISME ET RÉPUBLIQUE

Les différentes définitions du communautarisme ne s'opposent pas, car elles prennent en compte les divers aspects du communautarisme ; cependant, elles ont toutes en commun de remettre en cause l'idéal républicain tel qu'il s'est construit en France.

Les différents aspects du communautarisme

Le philosophe Pierre-André Taguieff distingue quatre définitions possibles du communautarisme. La première associe communautarisme et « tribalisme » car les individus composant la communauté s'associent sur une base ethnique. La deuxième s'apparente à la pensée raciste car l'individu est assimilé à un individu « type » réunissant les caractéristiques essentielles du groupe (conception essentialiste).

Enfin, les deux dernières définitions du communautarisme font appel à une vision politique de la société car elles reconnaissent l'existence des différences entre les groupes, chacun d'entre eux ayant le droit de vivre ses différences par rapport aux autres (multiculturalisme) ou reconnaissent à ces groupes une identité qui tient plus du mythe que de la réalité (différentialisme).

> **La communauté et l'individu**
>
> **D'un point de vue philosophique, la communauté s'oppose à l'individu dans le sens où la première réaffirme le primat de l'identité collective sur l'identité individuelle. Ainsi, le communautarisme est la négation de la liberté de l'individu alors que la République affirme le principe de libre arbitre. Ce débat reste d'actualité à un moment où le conflit israëlo-palestinien somme les individus de prendre partie en fonction de leur origine communautaire (juive ou arabe).**

Le communautarisme s'oppose à l'idéal républicain

Si toute société est par définition multiculturelle (différences de sexe, de groupes sociaux, de religion, d'origine nationale ou même régionale), l'idéal républicain, avec la notion de citoyenneté, entend gérer ces différences en distinguant l'espace public et l'espace privé.

Le premier est celui de la citoyenneté car il efface les différences entre des individus libres et égaux, le principe de laïcité (voir fiche 16) constituant le fondement des valeurs de liberté, d'égalité et de fraternité.

À l'inverse, dans l'espace privé l'individu libre peut vivre selon ses propres convictions qui sont fonction de son histoire et de son héritage culturel, et la République garantit la tolérance de ces différences qui s'affirment dans l'espace privé (par exemple, chacun a le droit de pratiquer la religion de son choix). Donc, la séparation de l'espace privé et de l'espace public fait du multiculturalisme un droit à partir du moment où il reste dans l'espace privé. Or, c'est ce principe que remet en cause le communautarisme car il introduit le droit à la différence et donc à l'inégalité et à l'exclusion dans l'espace public.

LES QUESTIONS POSÉES PAR LE COMMUNAUTARISME

Un certain nombre de débats (sur le port du voile, les violences urbaines, par exemple) posent les questions de l'intégration sociale et des droits culturels.

Communautarisme et intégration sociale

Le communautarisme pose le problème de l'intégration sociale car il permet le repli des individus sur leur communauté d'origine et fait courir le danger de la négation de ce qui unit les citoyens. Chaque groupe risque de vivre en marge des autres empêchant le lien social qui permet le « vivre ensemble ».

De plus, le communautarisme favorise la fragmentation sociale, la société n'étant plus composée que de groupes sans échanges entre eux ce qui accentue les tensions et les probabilités de conflits. Ainsi, l'unité de la citoyenneté est remise en cause par la reconnaissance, dans l'espace public, des différences.

Cependant, dans quelle mesure une société républicaine peut-elle reconnaître des droits culturels propres aux groupes particuliers ?

La loi sur les signes religieux dans les écoles publiques (loi du 15 mars 2004)

Le 3 juillet 2003, le président de la République Jacques Chirac a créé une commission de réflexion « sur l'application du principe de laïcité dans la République », présidée par Bernard Stasi, médiateur de la République. Suite aux travaux de cette commission, une loi interdisant « les signes religieux ostensibles » est votée en février-mars 2004. Sont considérés comme signes religieux ostensibles les grandes croix chrétiennes, le hijab musulman, la kippa juive et le turban Sikh.

Pour Shirin Ebadi (avocate iranienne, musulmane, défenseuse active des Droits de l'homme, prix Nobel de la Paix en 2003), cette loi viserait essentiellement les jeunes filles musulmanes. Aussi se prononce-t-elle « contre cette loi » qui fait subir aux écolières « une double punition » : porter le voile en famille et « être interdites d'écoles ».

Selon un rapport du ministère de l'Éducation nationale en 2005, la loi, applicable dès la rentrée scolaire 2004, aurait permis,de faire reculer le port du voile à l'école.

La question des droits culturels

Aujourd'hui, la question est de savoir si la République a les mêmes capacités d'intégration qu'au début du XXe siècle. Si la réponse est négative, ne doit-on pas reconnaître l'existence d'une « citoyenneté différenciée » afin de conserver le caractère démocratique de notre société républicaine et surtout quelles limites doit-on définir pour cette reconnaissance ?

Certains auteurs pensent qu'elle est possible si certaines conditions sont réunies : aucun individu ne doit être, d'une manière autoritaire, assigné à un groupe particulier, seules les cultures compatibles avec les droits de l'homme peuvent être reconnues, à égalité des cultures particulières.

12 VALEURS ET NORMES SOCIALES

Les valeurs peuvent être définies comme des grands principes moraux servant de repères aux individus dans la conduite de leur vie sociale. Elles sont interdépendantes et constituées en système. Aux valeurs sont attachées des règles de comportement social dont la transgression peut être sanctionnée.

UNE CRISE DES VALEURS ?

Il est, aujourd'hui, courant de s'interroger sur la crise des valeurs.

La fin de l'utopie

La fin des « grandes utopies », notamment celle de construire un monde meilleur, serait la manifestation la plus tangible de cette crise. Celle-ci se manifesterait par une montée de l'individualisme remettant en cause les institutions sociales traditionnelles comme la famille et l'Église. Or, les enquêtes sociologiques montrent que la situation n'est pas si simple : par exemple, si la famille se transforme (voir les fiches 4 et 5), cela ne signifie pas que les valeurs attachées à la famille ont disparu. D'autre part, de nouvelles formes d'engagement collectif surgissent (lutte contre le racisme, soutien aux victimes de l'exclusion sociale, etc.), montrant ainsi que des valeurs traditionnelles comme l'égalité et la fraternité restent vivaces.

À la fin du XIXe siècle, Durkheim s'inquiète de la remise en cause des valeurs traditionnelles par la modernisation de la société. Il montre déjà que la montée de l'individualisme comporte des dangers pour la société, d'où une certaine obsession à vouloir créer une nouvelle morale laïque pouvant être transmise d'une génération à une autre. En effet, le manque de repères sociaux, lié à l'absence de valeurs, entraîne une situation d'anomie qui empêche la régulation des comportements humains. Ce concept d'anomie est utilisé par Durkheim pour expliquer le suicide.

> **L'âge des valeurs**
>
> Les enquêtes sociologiques montrent que les différences de valeurs peuvent être attribuées à un effet de génération – c'est-à-dire qu'il existe des valeurs communes à un groupe de personnes nées à une date donnée – et à un effet d'âge, les valeurs changeant au fur et mesure que les individus vieillissent.
>
> Si la famille reste, par exemple, pour tous une valeur centrale, les conceptions changent ainsi que les pratiques : on se marie moins, on divorce plus, on a moins d'enfants. Les différences entre générations concernent surtout les mœurs : la liberté sexuelle est devenue un principe qui a peu de chance d'être remis en cause, même si en vieillissant on devient moins favorable à une liberté totale.

Des valeurs postmodernes à l'hypermodernité

À partir des années 1970, l'idée selon laquelle les sociétés industrielles permettaient d'émanciper l'humanité grâce aux progrès de la science est remise en cause. Dans une société qualifiée de postmoderne, les individus privilégient les valeurs qualitatives comme les relations affectives, la liberté individuelle et la protection de l'environnement. Ces valeurs « postmodernes » se traduisent par un rejet des grandes institutions collectives, comme l'État et les partis politiques. Cependant, depuis quelques années, un certain nombre de sociologues, notamment Nicole Aubert dans *L'individu hypermoderne* (Erès, 2004), remettent en cause la notion de postmodernité et préfèrent parler d'hypermodernité. Ils mettent l'accent sur la radicalisation des valeurs modernes, « hyper » désignant le trop ou l'excès : l'individu « hypermoderne » ne veut plus être soumis aux contraintes du temps car il veut tout, tout de suite.

> **Lahire versus Bourdieu**
>
> **Avec le concept d'habitus, Pierre Bourdieu (1930-2002) fixe les conditions de la médiation entre l'individuel et le collectif. Selon lui, lors de la socialisation, chacun intérioriserait un habitus, défini comme un ensemble de manières d'agir, de penser et de percevoir, déterminées par le milieu social d'appartenance. L'habitus « programmerait » donc l'individu.**
>
> **Mais Bernard Lahire* constate une « dissonance culturelle », qui traduit la possibilité pour chacun de composer, dans l'éventail de ses pratiques et de ses préférences culturelles, des profits en rupture avec l'habitus transmis. L'individu aurait donc une latitude d'actions plus importante que celles déterminées par son habitus.**
>
> **Bernard Lahire,* La Culture des individus, *La Découverte, 2004.*

DES VALEURS AUX NORMES

Dans une société, les comportements humains doivent respecter un certain nombre de règles afin de permettre aux individus de vivre ensemble : les comportements sociaux ne sont pas spontanés, car ils suivent des normes.

Des normes variables

Celles-ci sont collectives, c'est-à-dire acceptées par tous les membres de la société et elles donnent lieu à des sanctions si un individu les enfreint. Ce caractère contraignant peut être variable : les individus peuvent perdre leur liberté voire leur vie ; dans d'autres cas, comme celui de la transgression des règles de politesse, la principale conséquence est la réprobation sociale. Si les normes, fondées sur les valeurs, permettent aux agents sociaux de vivre ensemble, elles sont variables suivant les sociétés, et elles peuvent évoluer d'une période à une autre. La moindre importance accordée aujourd'hui aux valeurs religieuses favorise l'évolution de certaines normes sexuelles. Ainsi, l'homosexualité n'est plus considérée comme une déviance et l'avortement n'est plus un crime.

La permanence de certaines normes

Si les normes évoluent, la société est souvent conservatrice. Il en est ainsi pour le travail des femmes. L'augmentation de l'activité féminine depuis les années 1960 et surtout le statut de celle-ci (travail salarié en dehors de la sphère domestique) sont considérés comme irréversible.

Pourtant, les femmes restent sujettes à une véritable discrimination dans le monde du travail : responsabilités moins importantes, salaires inférieurs à ceux des hommes, etc. La femme doit encore souvent choisir entre sa réussite professionnelle et son rôle d'épouse et de mère. La transgression des normes définit les comportements déviants (voir la fiche 15), mais si les frontières de la normalité changent, les déviances également.

13 SOCIALISATION ET MÉDIAS

L'influence des médias sur les comportements est au cœur de questionnements de plus en plus nombreux, en particulier ceux autour de la télévision. Cette « folle du logis » occupe une part croissante de notre temps si bien qu'on peut se demander si elle n'est pas devenue un agent de socialisation à part entière.

TÉLÉVISION ET INTERNET, DES MÉDIAS PARTICULIERS

La télévision et Internet exercent une action de socialisation...

Télévision et Internet contribuent à faire reculer l'ignorance et l'intolérance. Ils transmettent des valeurs et des normes de comportement, mais à un rythme plus rapide que ne pouvaient le faire les médias d'antan, presse écrite et radio en particulier. Chez les plus jeunes, les mots ou expressions employés par les vedettes médiatiques («cassé») se diffusent rapidement et se renouvellent d'ailleurs tout aussi rapidement, créant des effets de mode.

... mais ils entrent en concurrence avec les autres agents de socialisation

Les individus sont soumis à plusieurs agents de socialisation : les jeunes sont influencés par leur famille, l'école, leur groupe d'amis et les médias... Aucun de ces agents, pas même la télévision, ne peut à lui seul déterminer les valeurs et les normes intériorisées par un individu. On retrouve ici le modèle d'analyse proposé par Paul Lazarsfeld et son équipe : l'influence des moyens de communication de masse, en particulier la télévision, est indirecte et passe par un leader d'opinion, qui réinterprète le message des médias et en diffuse une version personnalisée

L'UTILISATION DE LA TÉLÉVISION PAR CATÉGORIES SOCIOPROFESSIONNELLES EN 2005

Au cours des douze derniers mois, avez-vous regardé la télévision, que ce soit chez vous ou ailleurs ?	Tous les jours ou presque (en %)			Pas tous les jours (en %)	Jamais (en %)
	+ de 4 heures par jour	De 2 à 4 heures par jour	- de 2 heures par jour		
Agriculteurs exploitants	4	49	33	14	0
Artisans, commerçants, chefs d'entreprise	4	30	35	30	2
Cadres et professions intellectuelles supérieures	2	25	30	41	3
Professions intermédiaires	3	40	31	24	2
Employés	10	44	31	14	1
Ouvriers (y compris ouvriers agricoles)	14	47	24	14	0
Retraités	23	50	20	6	2
Autres inactifs	13	35	32	18	1
Ensemble	**13**	**42**	**27**	**16**	**1**

Source : INSEE. Enquête permanente sur les conditions de vie.

aux individus avec qui il est en contact quotidien (famille, collègues, amis, voisins…). Ainsi, le discours transmis par la télévision est filtré et l'influence de celle-ci doit être relativisée.

L'INFLUENCE DES MÉDIAS EST-ELLE NÉFASTE ?

Les médias sont-ils, à l'image des langues d'Esope, la meilleure et la pire des choses ?

Les médias peuvent jouer un rôle positif…

Une vision optimiste du rôle des médias est basée sur le triptyque de l'antique ORTF : « informer, éduquer, distraire ». La télévision apparaît alors comme un moyen d'émancipation des masses, pour peu qu'elle soit placée en de « bonnes mains ». On pourrait en dire autant d'Internet, qui est un formidable moyen de communication et d'accès au savoir. Il est évident que toute incrimination de la télévision dans des épisodes dramatiques pourrait alors être imputée, non pas à l'outil lui-même, mais à ceux qui l'exploitent, avec une programmation de mauvais goût, violente, etc., pour rechercher l'audience afin de gagner de l'argent. De plus, les médias permettraient un effet de catharsis : en assistant à des scènes violentes, chacun serait conduit à fantasmer et se purgerait de ses instincts violents.

Internet : un cinquième pouvoir ?

Les médias audiovisuels, publics ou privés, et la quasi-totalité des organes de presse, ont fait campagne pour le Oui au référendum du 29 mai 2005, relatif au Traité constitutionnel européen. En l'absence d'un véritable débat, les internautes ont utilisé le Web comme une sorte d'agora virtuelle, où partisans du Oui et du Non ont pu confronter leurs arguments, et s'informer sur des sites personnels créés par des tenants des deux postures. Face à cette déferlante médiatique, le Non a fini par l'emporter largement, porté par des catégories dont toutes ne sont pas si éloignées de l'usage d'Internet, comme les électeurs les plus jeunes. On peut alors penser qu'Internet a pu jouer un rôle dans la victoire du Non.

… mais aussi celui d'un mauvais génie !

Tout média peut avoir une fonction d'agenda, c'est-à-dire qu'il indique les sujets dont il faut parler, par exemple ceux que Pierre Bourdieu qualifie de « faits omnibus », des faits-divers racoleurs, mais ratissant large pour dégager une audience suffisante pour les annonceurs publicitaires à la télévision. Pendant ce temps-là, selon Bourdieu, les « vrais » problèmes sont passés sous silence par les médias. Ensuite, grâce à l'image, Internet et la télévision possèdent une puissance de suggestion dont ne bénéficie aucun autre média traditionnel. Ainsi, les émissions pour les enfants sont-elles accusées de banaliser la violence en montrant des scènes de bagarres ou de torture (morale ou physique). Ces émissions iraient même jusqu'à véhiculer une représentation du monde, fondée sur la force et la violence plutôt que sur le dialogue et le compromis. Certains sites sont aussi accusés d'encourager la violence en permettant à chacun de mettre en scène sa propre violence (agressions filmées puis diffusées sur le Net). Soumis à cette influence pernicieuse dès leur plus jeune âge, les enfants dont l'entourage n'aurait pas su expliquer et sélectionner les spectacles pourraient être conduits à considérer la violence comme légitime, donc la télévision pourrait banaliser des comportements déviants.

14 LA MONTÉE DE L'INDIVIDUALISME

Dans les sociétés occidentales, l'individualisme est une évidence qui ne peut être remise en cause. La montée de l'individualisme est considérée comme un progrès indéniable, car elle est l'expression d'une plus grande liberté des individus. Cependant l'expression « individualisme » recouvre des sens très différents.

AUX ORIGINES DE L'INDIVIDUALISME

L'individualisme repose sur l'idée que chaque individu est autonome, c'est-à-dire qu'il possède des caractères propres qui le rendent singulier.

Une reconnaissance progressive

La notion suppose donc la liberté de l'individu et est la conséquence d'un processus d'émancipation de tutelles qui se sont exercées d'une manière traditionnelle sur les êtres humains. Cependant, la reconnaissance de l'individu en tant qu'être autonome ne s'est pas faite du jour au lendemain. Pendant très longtemps, l'individu n'est reconnu qu'au travers de son groupe d'appartenance, la communauté fondée sur une hiérarchie rigide ne pouvant être remise en cause. Le lien social s'étaye sur la solidarité mécanique comme l'a montré Émile Durkheim (voir la fiche 2).

Intérêt particulier et intérêt général

En devenant plus libre des contraintes liées à la simple survie, l'individu s'émancipe des traditions qui lui imposaient un style de vie et de croyance. Les premiers théoriciens de l'économie moderne, comme Adam Smith (1723-1790), donnent les clés pour résoudre le problème du lien entre les intérêts particuliers et l'intérêt général. Grâce à la « main invisible » du marché, chaque individu, en recherchant son intérêt particulier, sert l'intérêt général. L'économie de marché favorise un ordre social résultant, d'une manière non intentionnelle, de l'interaction d'individus poursuivant des objectifs, à l'origine, purement égoïstes.

Du point de vue politique, l'aboutissement de ce processus est la Déclaration des droits de l'homme qui proclame que les droits fondamentaux sont individuels, naturels et évidents. D'une façon plus générale, la Révolution française consacre la primauté de l'individu sur la communauté.

> **« Je pense donc je suis »**
>
> **Le « je pense donc je suis » de Descartes marque l'entrée de l'individu dans la philosophie : celui-ci constitue en lui-même une entité indépendante de l'extérieur. Au XVIIIe siècle, l'urbanisation renforce les aspirations individuelles, car elle facilite le relâchement des liens avec les communautés que constituaient les villages. De plus, le développement industriel favorise la satisfaction de nouveaux besoins qui ne sont plus des besoins élémentaires, comme l'alimentation et le logement.**

L'INDIVIDUALISME DÉMOCRATIQUE

L'anti-individualisme

La montée de l'individualisme, depuis le XVIIe siècle, s'est accompagnée d'une forte résistance anti-individualiste. En France, un courant de pensée, en réaction à la Révolution, refuse à l'homme toute prétention à l'autonomie et prône le retour aux traditions d'une société rurale. Ce courant trouvera son aboutissement au cours de la Seconde Guerre mondiale avec le fameux « travail, famille, patrie » de Pétain.

Mais l'anti-individualisme n'est pas seulement réactionnaire. Durkheim, dans sa volonté de fonder une nouvelle science sociale, fustige l'individualisme des sociétés industrielles en crise. Au XXe siècle, surtout après 1945, la pensée marxiste considère que l'individu n'est qu'un simple produit de l'histoire sans véritable indépendance. L'individualisme est tenu pour une idéologie dont le rôle est de renforcer la domination de la classe bourgeoise.

Au cours des années 1980, le développement de nouveaux styles de vie et la remise en cause de l'intervention de l'État dans la vie sociale et économique favorisent l'avènement d'un « nouvel individualisme ». L'effondrement des sociétés socialistes renforce ce mouvement et marque la volonté de rompre avec toutes les formes de totalitarisme. On redécouvre alors les vertus du libéralisme incarné par l'arrivée au pouvoir de Margaret Thatcher en Grande-Bretagne (1979) et de Ronald Reagan aux États-Unis (1981).

L'individualisme méthologique

Le sociologue français Raymond Boudon, né en 1934, a introduit en France l'individualisme méthodologique comme méthode d'analyse des faits sociaux fondée sur trois principes :

- **l'action qui est un comportement humain doté par l'individu d'un sens subjectif ;**
- **la rationalité : toute action individuelle est rationnelle, c'est-à-dire qu'elle est fondée sur des raisons et c'est le travail du sociologue de trouver les raisons de l'action des individus ;**
- **l'agrégation des actions individuelles ; les phénomènes sociaux s'expliquent par la juxtaposition des actions individuelles dont le résultat n'est pas intentionnel.**

À l'individualisme méthodologique qui s'appuie sur les travaux de Max Weber, s'oppose le holisme méthodologique inspiré par Émile Durkheim et dont le principal représentant est aujourd'hui, sous une forme renouvelée, Pierre Bourdieu.

Les ambiguïtés du « retour à l'individu »

L'État-providence est accusé de produire une société d'assistés, incapables de s'assumer en tant qu'individus. Mais le « retour de l'individu » n'est pas sans ambiguïté : les Français restent profondément attachés à certaines formes de l'État-providence qui permettent de ne pas accentuer les inégalités et la solidarité reste une valeur forte; on milite moins dans les organisations politiques et syndicales traditionnelles, mais plus dans le cadre d'associations caritatives.

La catégorie des « bourgeois-bohèmes » ou « bobos » exprime les contradictions du « retour à l'individu ». Même si la notion reste floue (c'est un journaliste américain qui semble avoir pour la première fois utilisé cette expression, en 2000), les « bobos » désignent une population aisée financièrement, habitant les « quartiers chics » ou « branchés » (souvent d'anciens quartiers populaires rénovés). Cette population est très sensible aux thèmes écologiques et souvent engagée dans des actions collectives pour préserver la nature.

15 DÉVIANCE ET CONTRÔLE SOCIAL

Depuis quelques années, la criminalité et la délinquance font la une des médias : entre 1960 et 2000, le nombre de crimes et délits a été multiplié par plus de cinq. Ces actions, qui touchent les personnes ou leurs biens, sont limitées par le contrôle qu'exerce la société sur ses membres.

LA DÉVIANCE

La déviance correspond à un comportement s'écartant durablement des normes, cet écart étant sanctionné socialement. Cependant, dans une société, à un moment donné, les normes sont hiérarchisées.

Une notion subjective

Ainsi les normes axiologiques (respecter autrui) correspondant à un impératif d'ordre moral sont-elles plus fortes que les normes coutumières (se dire bonjour).

De plus, elles ne s'imposent pas toutes de la même façon aux individus ou groupes sociaux. Par conséquent, la déviance n'existe qu'à travers la sanction que la société inflige à celui qui adopte un comportement trop éloigné des modèles dominants.

Du reste, les systèmes de valeurs d'une société évoluent dans le temps, de sorte que des comportements jugés autrefois déviants deviennent désormais normaux. C'est par exemple le cas du divorce, de l'avortement ou de l'homosexualité. La déviance ne disparaît pas pour autant.

Selon Émile Durkheim, elle est inhérente à toute société, notamment aux sociétés modernes dans lesquelles le contrôle social est moins pesant du fait d'un affaiblissement de la « conscience collective » (ensemble des croyances et des sentiments communs à une société et qui relient les hommes entre eux).

Explications de la déviance

On peut tout d'abord comprendre la déviance comme une transgression des règles sociales. Elle serait alors liée aux échecs de la socialisation ou au milieu social des individus délinquants.

La croissance non contrôlée des zones urbaines s'est ainsi accompagnée du développement de véritables cultures déviantes. Celles-ci sont du reste entretenues par l'impossibilité pour certains de faire correspondre des aspirations socialement valorisées, telles que l'enrichissement et les moyens dont ils disposent (absence de qualification et absence d'emploi stable et bien rémunéré). De telles ruptures conduisent des individus à chercher à atteindre leurs buts autrement que par des moyens légaux.

> **Règles, normes, valeurs**
>
> **Le contrôle social s'appuie sur les règles organisant la vie collective. Il consiste à amener les individus à respecter ces règles appelées normes et sous-tendues par des valeurs (idéaux définissant ce qui est bien ou mal, orientant les actions et les comportements des individus au sein d'une société – voir fiche 12).**

Enfin, la déviance peut être interprétée comme le résultat d'un processus de stigmatisation.

Ainsi, pour Howard Becker, sociologue américain né en 1921, le déviant est celui que la société a repéré et « étiqueté » comme tel. Intériorisant l'image que la société renvoie de lui, l'individu n'a alors d'autre ressource que de se comporter ainsi : la déviance est alors un processus auto-entretenu.

LE CONTRÔLE SOCIAL

Le contrôle social correspond à l'ensemble des mécanismes et des moyens par lesquels une société maintient sa cohésion.

Le contrôle formel

Le contrôle social formel s'appuie sur des individus ou des groupes sociaux particuliers, officiellement chargés par la société d'appliquer des sanctions de différente nature (positives - des récompenses - mais surtout négatives), afin d'inciter les individus à se conformer aux règles de la vie en société. Il peut s'agir de sanctions de type pénal, telles des peines de prison ou des amendes; elles correspondent à des normes juridiques appliquées par la justice ou la police. Ces normes sociales supposent l'existence d'organes spécialisés, répondant ainsi aux principes de la division organique du travail social définis par Durkheim (voir fiche 2). Mais il peut aussi s'agir de sanctions applicables par des institutions religieuses (pénitence...) ou tout simplement de sanctions morales, tels le blâme ou l'avertissement qu'une administration inflige à un fonctionnaire ayant mal fait son travail.

> **Le téléchargement illégal des fichiers : une déviance ?**
>
> **Depuis plusieurs années, au nom de la propriété intellectuelle (leur œuvre), les professionnels des industries phonographiques et cinématographiques mènent campagne pour que le téléchargement de fichiers (audio ou vidéo) sans payer de droits de téléchargement soit traité comme du piratage et puni comme tel par la loi. En dépit de quelques condamnations spectaculaires, l'usage des échanges de fichiers (système *peer to peer*) ou le piratage restent massifs chez nombre d'internautes, en particulier les jeunes. On peut l'expliquer car la probabilité d'être pris est tellement réduite que le contrôle social formel est inefficace. On peut aussi considérer que pour respecter une norme, il faut non seulement la connaître (quel jeune connaît les peines pour ces délits ?), mais surtout, il faut avoir conscience que ne pas la respecter constitue une déviance, un délit, comme quand on s'approprie un scooter sans l'avoir acheté !**

Le contrôle informel

Le contrôle informel s'exerce continuellement par le jeu des relations quotidiennes qu'entretiennent les individus, qui amènent chacun à surveiller l'autre. Ainsi un simple sourire, un regard ou un geste incitent à se comporter de telle manière et non de telle autre. Ce type de régulation est dominant au sein de la famille et globalement au sein de groupes sociaux restreints. Le sociologue Norbert Elias montre comment, dans une petite ville, le commérage peut être un moyen pour un groupe d'individus de contrôler les nouveaux arrivants. Par le commérage, le groupe le plus ancien de la petite ville, qui s'estime menacé, défend son unité contre les intrus alors que ceux-ci présentent les mêmes caractéristiques sociales que les premiers.

16 LA LAÏCITÉ

La laïcité peut se confondre avec l'irréligion, donc l'athéisme, voire l'antireligion, le laïc étant défini comme hostile au clergé. Dans une acception plus large, la laïcité est un principe indépendant de toute croyance religieuse, prônant l'acceptation des différences et garantissant le respect des religions et des convictions.

LA CONSTRUCTION DE LA LAÏCITÉ

Le terme « laïcité » renvoie d'abord à la séparation de l'Église et de l'État (loi de 1905) qui stipule notamment que « la République ne reconnaît, ne salarie ni ne subventionne aucun culte ». Cependant, elle assure la liberté de conscience et garantit le libre exercice des cultes.

La séparation de l'Église et de l'État

La laïcité constitue en premier lieu une rupture avec le modèle d'organisation sociale dans lequel religion et vie sociale ne font qu'un, et où le pouvoir religieux soumet celui de l'État comme l'illustrait, au Moyen Âge, l'investiture par le sacre du souverain tenant son autorité de Dieu. C'est au XVIIIe siècle que naît un mouvement d'idées qui remet en cause la monarchie de droit divin et critique le rôle de l'Église dans le maintien de l'ordre politique et social de l'Ancien Régime.

L'aboutissement de ces idées, au moment de la Révolution française, consacrera la laïcité comme l'un des fondements de la République et déclenchera un processus amenant l'Église à abandonner peu à peu certaines fonctions qu'elle remplissait autrefois.

La laïcisation de l'école

Jusqu'au XIXe siècle, l'enseignement primaire demeure sous la responsabilité du clergé. La laïcisation s'amorce timidement avec la loi Guizot (1833) obligeant les communes de plus de 500 habitants à se doter d'une école primaire publique de garçons (les écoles de filles ne sont obligatoires qu'à partir de la loi Duruy en 1867). Cependant, la liberté de l'enseignement au profit de l'Église est maintenue et même entérinée en 1850 par la loi Falloux. Il faut attendre les lois de Jules Ferry (1880) pour que les grands principes de l'école primaire républicaine soient énoncés et mis en pratique. L'école devient alors obligatoire, gratuite et laïque. Elle reçoit pour mission d'accueillir tous les enfants de six à treize ans, se chargeant, entre autres, de leur instruction morale et civique fondée sur les valeurs de 1789 afin d'enraciner la République. L'instruction religieuse est ainsi cantonnée hors de l'école. Par la suite, en 1886, le personnel enseignant est laïcisé et intégré à la fonction publique.

L'EXPRESSION DE LA LAÏCITÉ AUJOURD'HUI

Depuis 1946 en France, la laïcité de l'État républicain est inscrite dans la Constitution.

L'État et les religions

La laïcité suppose une non-confessionnalité de l'État, au sens où celui-ci ne professe, au nom de la communauté nationale, aucune foi ou religion et ne donne aucun pouvoir à une quelconque Église. Pour autant, l'État ne peut ignorer le fait religieux ; il en fait simplement une affaire de droit privé tout en se portant garant du maintien de la liberté religieuse.

C'est précisément sur ce point que se focalisent aujourd'hui les interrogations. En effet, des religions contemporaines appelées « sectes » attirent des personnes à la recherche de nouvelles formes de spiritualité et peuvent les conduire à de graves dépendances psychologiques et financières.

Or les pouvoirs publics sont mal fondés à décider, en dehors de délits établis, quels mouvements sont condamnables et quels autres favorisent l'adaptation des individus aux changements de leurs conditions culturelles, sociales et économiques.

De plus, aujourd'hui l'Islam constitue en France la deuxième religion ; 6 % des français s'en réclamant. La loi de 1905 ne permettant pas à l'Etat de subventionner un quelconque culte, se pose dès lors la question du financement des infrastructures permettant d'assurer aux musulmans la liberté de leur culte.

La laïcité dans les services publics

Le Haut conseil à l'intégration (HCI) a présenté, lundi 29 janvier 2007, à Dominique de Villepin, un projet de charte de la laïcité dans les services publics.

Le projet de charte s'attache à définir les droits et les devoirs des agents du service public et des usagers. Le texte rappelle ainsi clairement aux agents que si « la liberté de conscience (leur) est garantie », notamment à travers la possibilité de se voir attribuer des autorisations d'absence à l'occasion des grandes fêtes propres à leur confession, « le principe constitutionnel de laïcité impose (à tous) un devoir de stricte neutralité, le traitement égal de tous les individus et le respect de la liberté de conscience ».

Laetitia Van Eeckhout (article paru dans l'édition du Monde *du 30 janvier 2007)*

Le débat sur la laïcité de l'école

En juillet 2003, le président de la République confie au médiateur de la République, Bernard Stasi, la présidence d'une commission chargée de réfléchir sur la laïcité.

Très rapidement, la commission Stasi est confrontée au problème du port du « voile islamique ». Au delà de sa signification religieuse, le port du voile à l'école contrecarre les principes de laïcité ; aussi la question d'une loi l'interdisant semblait pour certains une nécessité d'autant plus qu'il enferme les femmes dans une position spécifique qui s'oppose au principe d'égalité.

Devant le risque de stigmatiser de la communauté musulmane, la commission Stasi finit par préconiser le vote d'une loi sur l'interdiction de tous signes religieux distinctifs à l'école.

Le parlement vote la loi du 15 mars 2004 qui « interdit les signes et les tenues qui manifestent ostensiblement une appartenance religieuse ». Cependant la « loi ne remet pas en cause le droit des élèves de porter des signes religieux discrets », et son application, depuis la rentrée scolaire 2004, doit donner lieu à un dialogue entre le chef d'établissement et les élèves contrevenants à la loi. Elle doit enfin être rappelée dans les règlements intérieurs des établissements scolaires.

REPÈRES BIBLIOGRAPHIQUES

■ Fiche 2 « Le lien social »

➼ *Robert A. Nisbet,* La Tradition sociologique, *PUF, 1984.*

■ Fiche 3 « Culture et intégration »

➼ *« Au cœur des cultures »,* Sciences humaines, *n° 77, 1999.*

➼ *Denys Cuche,* La Notion de culture dans les sciences sociales, *coll. « Repères », La Découverte, 1996.*

■ Fiches 4 à 7 sur la famille

➼ *Martine Segalen,* Sociologie de la famille, *coll. « U », Armand Colin, 1992.*

➼ *Catherine Cicchelli-Pugeault,* Les Théories sociologiques de la famille, *coll. « Repères », La Découverte, 1998.*

➼ Le Démariage, justice et vie privée, *Odile Jacob, 1993.*

➼ *François De Singly,* Le Soi, le couple et la famille, *coll. « Essais et recherches », Nathan 1996.*

➼ *Colette Holstein,* Le Divorce, *coll. « Dominos », Flammarion, 1996.*

➼ *François De Singly,* Sociologie de la famille contemporaine, *coll. « 128 », Nathan, 1994.*

■ Fiche 8 « Le pacte civil de solidarité »

➼ *Y. Roussel, G. Bach-Ignasse, C. Tasca,* Le PACS juridique et pratique : 100 questions/réponses, *Denoël, 2000.*

■ Fiche 9 « L'inné et l'acquis »

➼ *« Inné/acquis : le grand débat »,* Sciences humaines, *n° 54, octobre 1995.*

➼ *Roger Lewin,* L'Évolution humaine, *Le Seuil, 1991.*

■ Fiche 10 « La socialisation »

➼ *Claude Dubar,* La Socialisation, *coll. « U », Armand Colin, 2000.*

■ Fiche 11 « Le communautarisme »

➼ *Emmanuel Brender (dir.),* Les Territoires perdus de la République, *Mille et une Nuits, 2002.*

■ Fiches 12 et 15 sur les valeurs, les normes et les déviances sociales

➼ *Olivier Galland, « Les Valeurs de la jeunesse »,* Sciences humaines, *n° 79, janv. 1998.*

➼ *Laurent Mucchielli, « La Déviance entre normes, transgression et stigmatisation »,* Sciences humaines, *n° 99, novembre 1999.*

➼ *Patrice Bonnewitz,* La Sociologie de Pierre Bourdieu, *PUF, 1997.*

■ Fiche 13 « Socialisation et télévision »

➼ *André Akoun,* Sociologie des communications de masse, *coll. « Les Fondamentaux », Hachette Éducation, 1998.*

➼ Sciences humaines, *n° 154, novembre 1999.*

■ Fiche 14 « La montée de l'individualisme »

➼ *Michel Dubois,* La Sociologie de Raymond Boudon, *PUF, 2000.*

➼ *Nicole Aubert,* L'Individu hypermoderne, *Erès, 2004.*

■ Fiche 16 « La laïcité »

➼ *Marcel Gauchet,* La Religion dans la démocratie, parcours de la laïcité, *coll. « Le Débat », Gallimard, 1998.*

➼ *Henri Pena-Ruiz,* Qu'est-ce que la laïcité ?, *Coll. Folio, Gallimard, 2003.*

Des sujets de dissertation

- **Le pouvoir des publicitaires met-il en péril la liberté de l'individu ?**
- **Comment aujourd'hui dans notre société la solidarité est-elle une expression de la démocratie ?**
- **Quelles sont, selon vous, la place et le rôle de la famille dans la société française contemporaine ?**
- **L'individualisme n'est-il que l'expression de l'égoïsme des acteurs sociaux ?**
- **Comment peut-on caractériser l'évolution du lien social dans nos sociétés ?**
- **La laïcité est-elle un droit de l'homme ?**
- **Communauratisme et identité nationale.**
- **Les médias sont-ils libres ?**

Chapitre 2

INÉGALITÉS ET EXCLUSIONS

Les transformations structurelles subies par l'économie française depuis les années 1970 n'ont pas été sans effet sur la société. En effet, la montée du chômage, en particulier le chômage de longue durée, a eu des conséquences désastreuses sur la cohésion sociale. Liée à un vaste mouvement de restructuration des industries tayloriennes, elle a conduit nombre de travailleurs non qualifiés, souvent d'âge mûr, sur un marché du travail où ils sont venus concurrencer des actifs déjà en surnombre, et notamment les jeunes issus des générations du baby-boom, les femmes et les immigrés entrés en France durant les années de reconstruction.

La première conséquence de ces évolutions croisées a été le retour de la pauvreté, qualifiée de « nouvelle » pour bien marquer son originalité. Il en a découlé une exclusion sociale d'ampleur, face à laquelle les gouvernements ont réagi par des mesures comme la création du RMI (revenu minimum d'insertion). Le second impact a porté sur la promotion sociale, à laquelle les années de prospérité avaient habitué les Français, et qui désormais marque le pas. Enfin, les années 1980 ont également signé le retour des inégalités économiques.

Ces dysfonctionnements de la société française sont révélés par un ensemble d'indicateurs traditionnels, tels la délinquance juvénile, aujourd'hui rebaptisée « violence urbaine », ou le suicide, ou encore la toxicomanie.

Face à ce sombre tableau, la construction de l'Europe sociale apparaît désormais comme une urgence.

17 L'EXCLUSION SOCIALE

L'exclusion, phénomène marginal, a d'abord désigné ceux qui n'avaient pas accès à la société de consommation. Avec la crise des années 1970, apparaissent les « nouveaux pauvres », les chômeurs de longue durée, les travailleurs précaires. Exclusion est alors synonyme d'inadaptation sociale plus que de pauvreté.

L'EXCLUSION RÉSULTE D'UN AFFAIBLISSEMENT DE LA COHÉSION SOCIALE

L'exclusion est le résultat d'un cercle vicieux au début duquel l'individu perd son emploi ou travaille de façon précaire, alternative et mal rémunérée.

Le travail est moins intégrateur qu'autrefois

Dès le début des années 1980, la condition salariale se dégrade : le chômage et sa durée augmentent en même temps que le travail se précarise et que la croissance des revenus se ralentit considérablement. Parallèlement, la crise du syndicalisme contribue à affaiblir une source essentielle de cohésion sociale sur le marché du travail. Malgré les prestations sociales dont il est bénéficiaire, un chômeur ou un travailleur précaire s'enfonce dans le surendettement pouvant conduire à l'expulsion de son logement. Une telle situation fragilise le noyau familial et le fait éclater. Si le réseau relationnel n'est pas suffisamment solide, l'individu est alors victime d'une « désaffiliation » (Robert Castel, né en 1933) ou d'une « disqualification » (Serge Paugam, directeur de recherches du CNRS).

Quelques dates clés

Hiver 1954 : l'abbé Pierre lance son appel en faveur des sans-logis.

1er décembre 1988 : loi créant le revenu minimum d'insertion (RMI).

29 juillet 1998 : loi d'orientation relative à la lutte contre l'exclusion.

27 juillet 1999 : loi créant la couverture maladie universelle (CMU).

18 janvier 2005 : loi de programmation pour la cohésion sociale dite « loi Borloo ».

L'exclusion résulte d'une remise en cause du rôle de l'État

Dans des sociétés à « solidarité organique » où la division du travail est poussée, le lien social passe par la complémentarité des individus et l'État devient le garant des normes, donc de la régulation sociale. En assurant collectivement les individus contre des risques (vieillesse, santé, perte de revenus induite par le chômage et l'accroissement de la taille de la famille), l'État instaure une solidarité institutionnelle qui remplace les solidarités communautaires dans les sociétés traditionnelles. Cependant, la crise économique et le renouveau de la pensée libérale ont remis en cause le rôle de cet État-providence.

L'EXCLUSION EST LIÉE À UNE MOINDRE INTÉGRATION SOCIALE

L'émiettement de la famille, associé à une diminution des solidarités de voisinage, elle-même née d'une urbanisation trop rapide et incontrôlée, contribue à l'isolement des individus donc à l'affaiblissement du lien social, ce qui est source d'exclusion.

L'exclusion est aussi un échec du processus de socialisation

L'intégration est le résultat de l'action socialisatrice de la famille : celle-ci en transmettant les valeurs et les normes permet aux individus de vivre en société. Or cette institution a plus de difficultés à assumer cette fonction essentielle de socialisation (voir fiche 5). En même temps, la relégation dans des banlieues de toute une frange de population « à problèmes », prend l'allure d'une « ghettoïsation », entraînant une mise à l'écart durable du reste de la société ainsi que l'a montré la crise des banlieues en octobre 2005.

L'exclusion, résultat d'un processus de stigmatisation

Les sociétés modernes formées de groupes sociaux hiérarchisés fabriquent elles-mêmes leurs exclus, au sens où des individus ou des groupes sont considérés comme moins méritants et se voient privés de reconnaissance et de dignité.

L'exclusion est donc le résultat de la stigmatisation d'individus, du discrédit que certains jettent sur d'autres - les bénéficiaires des mesures d'aide sociale notamment -, conduisant ces derniers à se retirer du jeu social.

LA LUTTE CONTRE L'EXCLUSION

En France, la lutte contre les exclusions s'organise selon deux axes : l'État et les associations.

Le rôle de l'État

Le premier outil mis en place pour remédier aux effets destructeurs de l'exclusion en France est le revenu minimum d'insertion (voir la fiche 19). Plus récemment la loi Borloo de janvier 2005 attribue la responsabilité totale de l'exclusion au chômage et met l'accent sur des mesures permettant d'assurer le retour à l'emploi (voir la fiche 8 dans l'ouvrage *Les Grandes questions économiques contemporaines*, éditions l'Etudiant).

Le rôle des associations

La loi contre les exclusions, votée en 1998, se traduit notamment par une reconnaissance, de la part de l'État, du rôle important que peuvent jouer les entreprises d'insertion, les associations intermédiaires et les régies de quartier dans la lutte contre les exclusions et dans le développement de solidarités communautaires. Effectivement, tant par le rôle socialisateur et formateur qu'elles jouent, que par le travail qu'elles fournissent, ces associations permettent d'envisager véritablement la reconstitution d'un nouveau « contrat social » fondé sur une économie et une société plus solidaires.

> **Les campements solidaires**
>
> **En un peu plus de trois semaines, une association constituée à la va-vite autour d'une famille parisienne est parvenue à bousculer le Gouvernement et le chef de l'État sur la cause des sans-abri. À Paris puis en province, les « campements solidaires » de SDF ont abouti à des résultats inespérés. Jean-Louis Borloo, ministre de la Cohésion sociale et du Logement, a annoncé hier une refonte « radicale » du système d'hébergement d'urgence dont le fonctionnement est très décrié par les sans-abri.**
>
> Libération, *mardi 9 janvier 2007.*

18 L'ÉVOLUTION DE LA PAUVRETÉ

Dans la France médiévale, la religion fait l'éloge de l'ascétisme, et la pauvreté a une image presque positive, car elle est associée à l'humilité permettant d'obtenir le salut de Dieu. Aujourd'hui, la pauvreté apparaît comme un paradoxe d'autant plus important que nous vivons dans un « pays riche ».

QU'EST-CE QUE LA PAUVRETÉ ?

La notion de pauvreté n'est pas aisée à définir. En effet, selon le dictionnaire est pauvre « celui qui manque du nécessaire ou n'a que le strict nécessaire ; qui n'a pas suffisamment d'argent, de moyens pour subvenir à ses besoins » (*Dictionnaire Le Petit Robert*, 1996).

Une notion absolue

La pauvreté absolue correspond au seuil minimal au-dessous duquel il n'est pas possible de vivre. Le pauvre est alors l'indigent qui ne peut pas faire face aux dépenses vitales dans le domaine de l'alimentation, du logement, de l'habillement. Si la pauvreté se réduit à l'indigence, le pauvre, ou l'indigent, vit de manière totalement dépendante de la charité privée ou de l'aide sociale publique. Mais on peut également considérer la pauvreté comme un état intermédiaire entre indigence et précarité, cette dernière situation correspondant aux populations qui peuvent satisfaire leurs besoins « fondamentaux », sans être toutefois à l'abri de la pauvreté en cas de perte d'emploi ou de maladie, par exemple.

> **Évolution de la pauvreté**
>
> **Depuis le début des années 1970, le taux de pauvreté a baissé passant de 17,9 % de la population en 1970 à 11,7 % si on prend comme seuil de pauvreté un revenu équivalent à 60 % du revenu médian. Mais cette pauvreté concerne essentiellement les victimes de la précarité, les familles monoparentales, les jeunes et les chômeurs.**

Une notion relative

La pauvreté est aussi un phénomène relatif, c'est-à-dire variable dans le temps et dans l'espace. Elle caractérise celui qui n'a pas accès au standard de consommation de la société dans laquelle il est intégré.

La pauvreté relative dépend donc de la norme de consommation dans une société donnée à une époque donnée ; elle est fonction d'un niveau relatif de revenu, ce niveau s'élevant à mesure que le revenu national augmente. En France, le « seuil de pauvreté » est défini comme la moitié du revenu médian, soit actuellement environ 660 euros par unité de consommation (une unité pour le premier adulte, 0,7 pour le suivant et 0,5 par enfant), alors que dans les études européennes, le seuil de pauvreté équivaut à 60 % du revenu médian.

LES ORIGINES DE LA PAUVRETÉ

La pauvreté relève socialement à la fois de l'inné et de l'acquis.

De la pauvreté « héritée » à la pauvreté de crise

Dans les années de forte croissance, la pauvreté apparaissait comme un destin, les familles pauvres - formant le « quart-monde » - transmettant leur situation à leurs enfants. Ceux-ci étaient élevés dans des conditions défavorisées combinant une famille nombreuse, un logement insalubre et l'exercice, par le chef de famille, d'un travail mal rémunéré, souvent difficile et dangereux. S'intégrant mal au système scolaire, les enfants de ces familles pauvres étaient peu éduqués ; une véritable culture de la pauvreté se transmettait alors.

Avec la crise des années 1970, la pauvreté concerne de nouvelles catégories de population, celles touchées par le chômage et la précarité de l'emploi.

Une nouvelle pauvreté se développe qui ne concerne pas seulement les ouvriers. Elle atteint aussi des chefs d'entreprise ou des petits commerçants en faillite, des cadres licenciés de leur entreprise et incapables de se reconvertir, des professions libérales (par exemple, certains médecins ne pouvant pas se constituer une clientèle suffisante), des agriculteurs conduits au surendettement par l'effort de modernisation que la course au productivisme leur impose. La nouvelle pauvreté est aussi le fruit de la crise de la famille ; en effet, elle frappe surtout les familles monoparentales, notamment les femmes vivant seules avec leur(s) enfant(s).

Une nouvelle catégorie de pauvres, les « travailleurs pauvres »

Contrairement à ce que l'on peut penser, avoir un emploi ne protège plus contre la pauvreté.

Phénomène relativement ancien aux États-Unis, la « pauvreté laborieuse » a fait son apparition en France, surtout depuis les années 1970. Selon l'INSEE, un travailleur pauvre est une personne qui a travaillé au moins sept mois dans l'année et dont le revenu est inférieur au seuil de pauvreté. Pour Pierre Concialdi de l'Institut de recherche économique et sociale (IRES), il y a en France entre 1,2 et 3,5 millions de travailleurs pauvres selon le niveau de seuil de pauvreté retenu : 20 % sont des indépendants (surtout dans l'agriculture) et 80 % de salariés. Ces derniers ont, le plus souvent, un emploi précaire, sont peu qualifiés, jeunes avec une faible ancienneté dans l'entreprise.

On peut expliquer le développement de « la pauvreté laborieuse » par la stagnation du pouvoir d'achat des salariés et la réduction de la couverture sociale. Ainsi, le travail ne protège plus, du moins en France, contre la pauvreté.

Les trois formes de la pauvreté en Europe

Le sociologue Serge Paugam distingue trois formes de pauvreté en Europe (*Sciences humaines*, n° 168, février 2006).

La pauvreté intégrée : les pauvres ne sont pas exclus de la société car ils sont nombreux ; les solidarités familiales et l'économie informelle jouent un rôle protecteur. On retrouve cette forme de pauvreté principalement dans les pays du sud de l'Europe.

La pauvreté marginale : elle concerne les pays scandinaves. Les pauvres sont peu nombreux. Pris en charge par l'assistance publique ils sont stigmatisés.

La pauvreté disqualifiante : elle concerne des personnes refoulées du marché du travail ou en situation de grande précarité. Les pauvres sont très dépendants des services sociaux et on retrouve cette forme de pauvreté en France et en Grande-Bretagne.

19 DU RMI AU RMA

Le RMI (revenu minimum d'insertion) a été créé par la loi du 1er décembre 1988 afin de garantir un revenu minimum et l'accès à des droits sociaux à une population qui entrait dans l'exclusion. Mais l'échec du volet insertion du RMI a incité le gouvernement Raffarin à créer le RMA (le revenu minimum d'activité).

LES CARACTÉRISTIQUES DU RMI ET DU RMA

Le RMI

La logique du RMI s'inscrit dans la logique du système français de protection sociale. En effet, la couverture des risques est liée à l'activité professionnelle : maladie retraite... Cependant, la montée du chômage et la multiplication de chômeurs en fin de droit et sans revenus (près d'un chômeur sur deux) a montré les limites de cette protection et incité le gouvernement Rocard a définir un nouveau dispositif afin de garantir un revenu minimum à une population de plus en plus nombreuse.

Le dispositif du RMI est ouvert à toutes les personnes de plus de 25 ans et son montant en janvier 2007, pour une personne seule, était de 440,86 €. Mais ce revenu est un plafond qui prend en compte toutes les ressources de la personne et il entraîne l'ouverture de droits sociaux complémentaires (affiliation à l'assurance maladie, allocation logement...). De plus, tout bénéficiaire du RMI s'engage à participer à des activités d'insertion.

Le RMA

Depuis le 1er janvier 2004, le RMA est proposé aux allocataires du RMI depuis au moins douze mois dans les vingt-quatre derniers mois. Pour François Fillon, alors ministre des Affaires sociales, du Travail et de la Solidarité, il s'agit de « rendre incitatifs les revenus du travail ».

Depuis 2005, dans le cadre du plan de cohésion sociale (dit plan Borlo), le RMA est devenu le contrat d'insertion-revenu minimum d'activité (CI-RMA). Il s'adresse aux bénéficiaires du RMI, de l'allocation de solidarité spécifique (ASS), de l'allocation de parent isolé (API) de plus de six mois.

Le plan de cohésion sociale (plan Borlo)

Le plan de cohésion sociale a procédé à une refonte des contrats aidés pour des personnes connaissant des difficultés particulières d'accès à l'emploi. Dans le secteur non marchand, deux nouveaux contrats ont été créés : le contrat d'avenir destiné aux bénéficiaires de minimas sociaux et le contrat d'accompagnement dans l'emploi (CAE) pour les personnes sans emploi rencontrant des difficultés sociales et professionnelles.

En outre, 300 maisons de l'emploi ont été créées afin de permettre une meilleure recherche d'un travail ou d'un programme de formation. Dans ces structures sont réunis non seulement des organismes publics comme l'ANPE et les ASSEDIC, mais également des entreprises et des associations. Avec les maisons de l'emploi, l'ANPE perd le monopole du placement des chômeurs.

Ce contrat peut être à durée indéterminée ou à durée déterminée de six mois minimum ou contrat de travail temporaire renouvelable deux fois dans la limite de dix-huit mois. Si l'emploi correspondant est à temps partiel (il peut être à temps plein), la durée hebdomadaire doit être d'au moins vingt heures. Grâce à ce contrat, l'employeur bénéficie d'aides (l'équivalent du RMI et allégement de cotisations sociales).

DE LA LOGIQUE DU WELFARE À CELLE DU WORKFARE

Les limites du RMI

Le RMI est soumis à deux types de critiques. D'une part, il est peu à peu devenu une nouvelle forme d'indemnisation du chômage car les conditions d'indemnisations se sont durcies. De plus, le niveau du RMI est trop faible car il est nettement inférieur au seuil de pauvreté qui est, environ, de 660 euros par mois.

D'autre part, dans un sens opposé, les libéraux considèrent que, comme tout minimum social, le RMI constitue une véritable « désincitation » au travail car il permet de faire vivre une population sans que celle-ci éprouve le besoin de travailler.

Ceci est d'autant plus vrai que le volet insertion du RMI a pratiquement disparu pour certaines populations. En outre, il empêcherait la baisse des salaires, notamment pour les emplois les moins qualifiés.

Premier bilan du CI-RMA

En septembre 2006, la Direction de l'animation de la recherche, des études et des statistiques (DARES) a présenté un premier bilan des nouveaux contrats aidés définis par la loi de programmation pour la cohésion sociale pour l'année 2005.

En 2005, 247 000 personnes (surtout des jeunes peu qualifiés) ont accédé à un contrat d'accompagnement dans l'emploi (CAE), un contrat d'avenir, un contrat d'insertion – revenu minimum d'activité ou un « nouveau » contrat initiative emploi (CIE). Les associations sont le principal employeur des salariés en emplois aidés dans le secteur non marchand.

Pour ce qui concerne le CI-RMA, les embauches sont restées à un faible niveau (moins de 3 000 embauches par trimestre).

Source : DARES, Premières informations, premières synthèses, *septembre 2006, n° 37-3).*

Le RMA, l'enfermement dans le sous-emploi

La création du RMA répond à la critique libérale du RMI : si les bénéficiaires du RMI ne trouvent pas d'emploi, c'est parce que le coût du travail est trop élevé. Il faut donc favoriser l'insertion par l'emploi en créant des emplois dont le coût correspond à l'équilibre du marché du travail. On passe donc d'une logique de *Welfare* (verser un revenu sans contrepartie) à une logique de *Workfare* (verser un revenu en contrepartie d'une activité productive).

Mais le risque est d'enfermer les bénéficiaire d'un CI-RMA dans la condition de « travailleurs pauvres » (voir la fiche 18) avec une faible probabilité d'occuper un véritable emploi. De plus, on peut craindre les effets produits par le RMA sur le marché du travail, car ce nouveau revenu minimum peut entraîner une pression sur les salaires relatifs aux emplois les moins qualifiés et favoriser le développement de nouvelles poches de pauvreté.

20 LA STRATIFICATION SOCIALE

Les différenciations sociales et la constitution de groupes sociaux évoluent suivant les sociétés. Castes et ordres représentent des formes de stratification rigides, consacrées par le droit. Les sociétés modernes connaissent des différenciations analysables par les classes sociales et les catégories socioprofessionnelles.

LES CLASSES SOCIALES

Marx et Weber développent deux conceptions différentes du rôle des classes sociales dans l'analyse.

Les classes sociales dans l'œuvre de Marx

La notion de classe sociale trouve son origine dans le bouleversement provoqué par la révolution industrielle en Grande-Bretagne dans le dernier tiers du XVIIIe siècle et tout au long du XIXe siècle en Europe et aux États-Unis. Si Karl Marx n'est pas l'inventeur de l'expression, c'est lui qui utilise le concept d'une manière systématique pour expliquer les fondements de la société capitaliste. Il voit dans les conditions matérielles de la vie humaine le fondement de l'évolution des sociétés.

Ainsi, il définit les classes sociales d'un double point de vue. Le premier est de nature objective. L'appartenance à une classe sociale dépend de la place des individus dans les rapports de production. Le deuxième point de vue est subjectif. Les individus appartiennent à une classe en fonction de la conscience qu'ils ont d'appartenir à cette classe. Cette conscience de classe rassemble les individus dans un projet commun.

Les classes sociales chez Marx

Marx distingue la bourgeoisie, ou classe capitaliste, qui est propriétaire des moyens de production et le prolétariat, ou classe ouvrière, qui n'a que sa seule force de travail à vendre. Si les relations entre ces deux classes sont, en principe, égalitaires, car fondées sur le contrat passé entre des individus libres et égaux, dans la réalité elles sont fondées sur l'exploitation de la classe ouvrière par la bourgeoisie. Il en résulte un conflit de classes qui est, pour Marx, le moteur de l'histoire, c'est-à-dire que la victoire de la classe dominée sur la classe dominante est source de transformation sociale.

Les classes sociales dans l'œuvre de Weber

L'analyse de la stratification sociale est plus complexe chez Max Weber. Il distingue trois types de groupes sociaux et donc trois formes de différenciation sociale : les groupes de statut fondés sur le prestige, les partis fondés sur le pouvoir politique et les classes sociales qui sont constituées d'individus ayant accès aux mêmes biens. Ainsi, pour Weber, les classes sociales, au contraire de Marx, n'occupent pas une position centrale dans son analyse de la stratification sociale.

LES CATÉGORIES SOCIOPROFESSIONNELLES

Pour les sociologues, les classes sociales échappent aux études empiriques, car elles ne sont pas mesurables. Pour cette raison, la définition des catégories socioprofessionnelles par les statisticiens de l'INSEE (Institut national de la statistique et des études économiques) a fourni un formidable instrument aux sociologues pour connaître les mutations de la société.

Des classes sociales aux PCS

À l'origine, il s'agissait de classer les actifs afin de constituer des groupes présentant une certaine homogénéité sociale. Cette nomenclature fut utilisée pour la première fois lors du recensement de 1954. Elle a été redéfinie au début des années 1980 pour prendre en compte les mutations économiques et sociales survenues au cours des années 1960 et 1970 et prend maintenant le nom de PCS (professions et catégories socioprofessionnelles). Les critères de classification sont au nombre de sept : la profession individuelle, le statut (salariés ou non), la qualification pour les salariés, la position hiérarchique, l'importance de l'entreprise pour les non-salariés, le secteur d'activité, l'appartenance au secteur public ou privé.

L'utilisation de la nomenclature des PCS

Cette classification permet l'étude de nombreux phénomènes sociaux comme les comportements de consommation, la mobilité sociale, etc. L'étude menée sur l'évolution de la population active au cours des années 1990 permet de mettre en évidence que si cette population active continue à augmenter, c'est grâce à la progression de l'activité féminine. Les femmes occupent par ailleurs des emplois plus qualifiés mais elles restent surreprésentées dans la catégorie des employés, devenue la catégorie la plus nombreuse devant celle des ouvriers. Le graphique qui suit montre bien que les salariés d'exécution (employés et ouvriers) deviennent majoritaires dans la population active.

LES TRANSFORMATIONS STRUCTURELLES DE LA POPULATION ACTIVE (EN %)

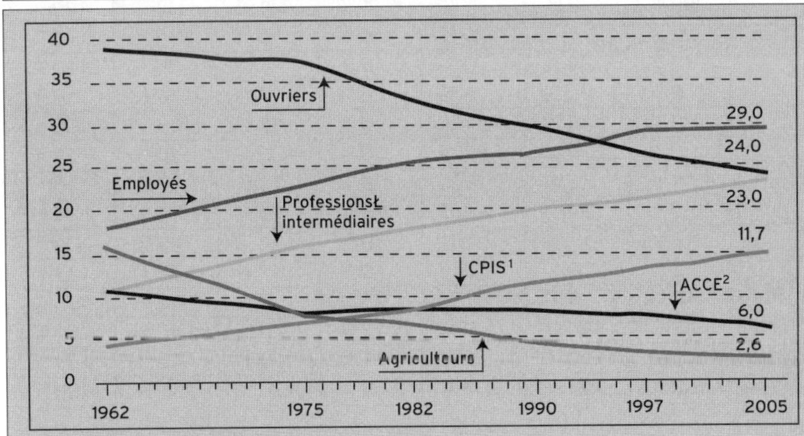

1. Cadres et professions intellectuelles supérieures.
2. ACCE : Artisans, commerçants, chefs d'entreprise.

Source : INSEE, « Marché du travail, séries longues » et enquête emploi 2005.

21 LA MOBILITÉ SOCIALE

On définit la mobilité sociale par le changement de position dans la structure sociale. Ces positions sont mesurées par l'appartenance socioprofessionnelle ou la classe sociale. La mobilité intergénérationnelle compare la position d'une personne à celle de ses parents, voire de ses grands-parents.

COMMENT MESURER LA MOBILITÉ SOCIALE

Le principal instrument de mesure de la mobilité sociale intergénérationnelle est constitué par les tables de mobilité construites par l'INSEE qui sont relativement compliquée à lire.

Les tables de mobilité

Nous reproduisons ici la dernière table disponible issue de l'enquête publiée par l'INSEE en 2006 (chiffres de 2003) : « Formation, qualification professionnelle » (FQP). En mai 2003, 7 045 000 hommes âgés de 40 à 59 ans sont actifs ou étaient d'anciens actifs. Parmi eux, 4 % étaient des agriculteurs. Dans chaque case, le premier chiffre indique les recrutements et celui en italique les destinées pour chaque groupe socioprofessionnel. Ainsi, 22 % des fils d'agriculteurs sont devenus agriculteurs, mais 88 % des agriculteurs sont fils d'agriculteurs. La différence s'explique par l'évolution de la structure sociale d'une

UNE RELATIVE IMMOBILITÉ SOCIALE

Catégorie socioprofessionnele du fils en fonction de celle du père en 2003.

PCS* du père / ***PCS* du fils***	**AE***	**ACCE***	**CPIS***	**PI***	**Employés**	**Ouvriers**	**Ensemble**
AE*	88 %	2 %	1 %	1 %	1 %	7 %	100 %
	22 %	*1 %*	*0 %*	*0 %*	*0 %*	*1 %*	*4 %*
ACCE*	12 %	29 %	6 %	10 %	7 %	36 %	100 %
	6 %	*21 %*	*6 %*	*8 %*	*7 %*	*8 %*	*9 %*
CPIS*	8 %	14 %	24 %	20 %	11 %	23 %	100 %
	9 %	*22 %*	*52 %*	*33 %*	*22 %*	*10 %*	*19 %*
PI*	11 %	12 %	9 %	16 %	11 %	41 %	100 %
	17 %	*24 %*	*26 %*	*33 %*	*28 %*	*23 %*	*24 %*
Employés	13 %	10 %	5%	9 %	14 %	49 %	100 %
	9 %	*9 %*	*6 %*	*9 %*	*17 %*	*12 %*	*11 %*
Ouvriers	18 %	9 %	2 %	6 %	7 %	58 %	100 %
	37 %	*24 %*	*9 %*	*17 %*	*26 %*	*46 %*	*34 %*
Ensemble	16 %	12 %	8 %	11 %	9 %	43 %	100 %
	100 %	*100 %*	*100 %*	*100 %*	*100 %*	*100 %*	*100 %*

* PCS : professions et catégories socioprofessionnelles ; AE : agriculteurs exploitants ; ACCE : artisans, commerçants, chefs d'entreprise ; CPIS : cadres et professions intellectuelles supérieures ; PI : professions intellectuelles.

Source : INSEE, enquête FQP, 2003. Champs : hommes actifs ou anciens actifs âgés de 40 à 59 ans en 2003.

génération à une autre. Si 37 % des fils d'agriculteurs deviennent ouvriers, on considère que la mobilité est essentiellement horizontale, c'est-à-dire que ces fils n'ont pas modifié leur position sociale par rapport à celle de leur père, car ils occupent la même place dans la hiérarchie de prestige. La lecture de la diagonale permet d'apprécier l'immobilité sociale, qui reste forte surtout pour les groupes situés aux extrêmes de la hiérarchie.

De la mobilité nette et structurelle à la mobilité absolue et relative

On peut lire les tables de mobilité sociale en distinguant la mobilité structurelle et la mobilité. La première indique une mobilité « forcée » due à l'évolution de la structure sociale d'une génération à une autre alors que la mobilité nette est considérée comme la mobilité « pure » (mobilité de circulation) car elle est indépendante de l'évolution de la structure sociale d'une génération à l'autre. On la calcule en faisant la différence entre la mobilité totale et la mobilité structurelle. Depuis la fin des années 1970, les sociologues distinguent la mobilité absolue et la mobilité relative. La première est celle qui apparaît dans les tables de mobilité, en intégrant la mobilité structurelle alors que la seconde mesure la mobilité d'une catégorie sociale par rapport à une autre, c'est donc une mesure de la fluidité sociale.

Mesure de la fluidité sociale

Pour mesurer la fluidité sociale, on calcule des rapports de chance relatives (*odds ratios* en anglais). Si sur 100 fils de cadres, 80 deviennent cadres et 20 employés alors que pour 100 fils d'employés, 75 deviennent employés et 25 cadres, on peut calculer le rapport de chances relatives de la manière suivante : (80/20)/(25/75) = 12. On dira donc que les chances de devenir cadre plutôt qu'employé sont 12 fois plus élevées pour les fils de cadres que pour les fils d'employés. Si ce rapport baisse, la fluidité sociale sera alors considérée comme plus importante.

ÉVOLUTION DE LA MOBILITÉ SOCIALE

Les facteurs de la mobilité sociale

En France, la fluidité sociale s'est accrue depuis les années 1950, mais au cours des Trente Glorieuses la mobilité sociale est une mobilité structurelle liée à plusieurs facteurs : l'évolution de la structure socioprofessionnelle (développement des classes moyennes et supérieures), la fécondité différente des groupes sociaux (les cadres et les professions intermédiaires ont une fécondité moins élevée que les ouvriers et les agriculteurs, laissant ainsi d'une génération à une autre des emplois disponibles pour les enfants des premières), la féminisation de l'activité et l'immigration (les femmes et les immigrés occupent des emplois moins qualifiés ce qui favorise l'ascension sociale des hommes français).

Le rôle de l'école

La place occupée dans la structure sociale, en France, est liée à la réussite scolaire. Or, les enfants dont les parents ont un niveau de diplôme élevé sont ceux qui ont la plus grande chance de réussite à l'école (voir fiche 22). Cependant, le développement du système scolaire a été plus rapide que celui des emplois qualifiés. Donc, avec un niveau de diplôme plus élevé, un fils peut avoir une position sociale moins prestigieuse que celle de son père. Ce paradoxe a été mis en évidence par un sociologue américain, Charles Anderson (paradoxe d'Anderson).

22 L'ÉGALITÉ DES CHANCES

L'égalité des chances scolaires suppose que la probabilité de succès d'un élève ne dépende que de ses aptitudes. Elle exige donc l'abolition de tout privilège dans une société dans laquelle les positions sociales ne sont pas assignées à l'individu dès sa naissance. L'analyse conclut à « l'inégalité des chances ».

LE MIRAGE DE L'ÉGALITÉ DES CHANCES

L'égalité des chances scolaires devait être liée au développement du système éducatif. Celui-ci s'est massifié depuis la fin des années 1950 au point qu'on a pu parler de démocratisation pour rendre compte du fait que des niveaux d'enseignement sont devenus accessibles à des catégories sociales qui en étaient autrefois exclues. Cependant les résultats doivent être interprétés avec précaution.

L'inégalité des chances devant l'école

Ainsi aujourd'hui, entre 16 ans et 18 ans, plus de 80 % des effectifs de chaque âge poursuivent leur scolarité. Désormais, plus des deux tiers d'une génération obtiennent un baccalauréat général, technique ou professionnel. De la même façon, les effectifs estudiantins dans les universités publiques ont été multipliés par sept entre 1960 et 2001.

Cependant, la démocratisation de l'enseignement en France semble très relative. En effet, la réussite scolaire est d'autant plus élevée que la position d'origine des enfants est élevée. Ainsi, la proportion d'enfants de cadres titulaires du baccalauréat est quatre fois plus forte que celle d'enfants d'ouvriers, et cet écart s'accroît lorsque l'on compare les taux de réussite au sein de la filière scientifique, par exemple. De même, dans l'enseignement supérieur, les enfants de cadres restent surreprésentés par rapport aux enfants d'ouvriers ou d'employés, et cette surreprésentation est encore plus forte dans les classes préparatoires aux grandes écoles ou dans les écoles d'ingénieurs.

En France, l'importance accordée aux diplômes sur le marché du travail répercute cette inégalité sur les statuts

RÉPARTITION EN 2004 DES ÉTUDIANTS FRANÇAIS SELON LA PCS DU CHEF DE FAMILLE

PCS[1]	STS (%)[2]	IUT (%)[2]	CPGE[2]
AE + ACCE[3]	13	11	10
CPIS[3]	14	27	52
PI[3]	16	19	14
Employés	17	16	8
Ouvriers	22	15	5
Inactifs	13	8	7
Inconnue	5	4	4
Ensemble	100	100	100

1. Professions et catégories socioprofessionnelles.
2. STS : sections de techniciens supérieurs ; IUT : institut universitaire de technologie ; CPGE : classes préparatoires aux grandes écoles.
3. AE : agriculteurs exploitants ; ACCE : artisans, commerçants, chefs d'entreprise ; CPIS : cadres et professions intellectuelles supérieures ; PI : professions intellectuelles.

Source : Note d'information de janvier 2007, *ministère de l'Éducation nationale, DEPP.*

sociaux. En d'autres termes, la position sociale des enfants est largement déterminée par celles des parents.

L'inégalité des chances d'ascension sociale

Afin d'étudier la fluidité de la société, les sociologues ont construit des tables de mobilité comparant, à un âge où les carrières sont en principe stabilisées (40 ans et plus), la position sociale des fils à celle des pères (voir la fiche 21).

Ces tables révèlent des changements très relatifs de statut social entre les actifs d'une génération à l'autre, car une bonne partie de cette mobilité est imposée par des changements dans la structure des professions. Concernant les femmes, leur mobilité a été jusqu'à présent davantage étudiée en terme de choix du conjoint. Or il apparaît de ce point de vue une forte homogamie : les couples qui se forment sont majoritairement de même milieu social. Ainsi, en 1994, 63,2 % des femmes ouvrières ont épousé un ouvrier.

LES EXPLICATIONS DE L'INÉGALITÉ DES CHANCES

Les explications de la subsistance de l'inégalité des chances semblent s'opposer selon le paradigme sociologique auquel elles se réfèrent.

L'influence du milieu social

Des sociologues tels que Pierre Bourdieu insistent sur l'importance du milieu social d'origine pour expliquer les inégalités. Chaque famille transmet un capital économique (un patrimoine et des revenus), mais surtout un capital culturel (des valeurs et des savoirs), ainsi qu'un capital social (une renommée, des relations), variables d'un milieu à l'autre.

Les enfants originaires de milieux favorisés reçoivent un capital culturel en phase avec la culture valorisée par l'institution scolaire. Ainsi, ils intériorisent très jeunes les attitudes légitimes dans le système éducatif, ce qui leur permet de réussir scolairement : la socialisation scolaire renforce alors la socialisation familiale. À l'inverse, les enfants des milieux populaires sont placés en situation d'acculturation à l'école : la socialisation scolaire est concurrente de la socialisation familiale, d'où un échec scolaire plus fréquent pour les jeunes issus des milieux les moins favorisés en capital culturel.

Le rôle des stratégies adoptées par les acteurs sociaux

D'autres chercheurs, comme Raymond Boudon, mettent l'accent sur l'effet pervers de dévalorisation des diplômes qu'amène la démocratisation du système éducatif. L'évolution du niveau de formation étant plus rapide que celle des emplois qualifiés, un niveau de formation plus élevé n'aboutit pas forcément à une ascension sociale. Les stratégies d'orientation adoptées par les individus et leurs familles jouent aussi un rôle, selon lui. À chaque étape du système éducatif, les individus comparent les coûts et les avantages que peuvent présenter des années d'études supplémentaires.

Les familles des milieux populaires, mal informées sur les filières et accordant plus d'importance aux risques d'échec qu'aux rendements escomptés des études ont ainsi tendance à limiter leurs ambitions à l'égard de l'institution scolaire. À l'inverse, les familles aisées surestiment les études et tendent à minorer leurs coûts, compte tenu de leurs moyens, d'où des stratégies d'orientations structurellement plus ambitieuses.

23 LES INÉGALITÉS DE REVENU ET DE PATRIMOINE

S'il est un sujet sensible dans la société française, c'est celui des inégalités, en particulier les plus visibles d'entre elles : celles qui touchent le revenu et le patrimoine. Les inégalités de revenu sont celles qui sont le plus mal acceptées ; elles ne sont pas pour autant les plus lourdes.

LES INÉGALITÉS DE REVENU

L'adoption d'un rapport salarial fordiste dans l'après-guerre et la montée en puissance de l'État-providence ont permis une réduction progressive des inégalités de revenu jusque dans les années 1970, mais à partir des années 1980 la politique économique contribue au renforcement des inégalités.

Une réduction des inégalités de revenu jusque dans les années 1970

Dans les années 1970, l'indexation officieuse des salaires sur les prix et la distribution des prestations sociales se sont traduites par une progression rapide des revenus salariaux (directs ou non), autorisant des augmentations de pouvoir d'achat pour les salariés. Nombre de ces derniers ont alors pu se constituer un patrimoine modeste en devenant propriétaires à moindre frais de leur habitation principale. Les inégalités de revenu et de patrimoine subsistaient, mais se réduisaient sous l'effet de la « machine égalitaire », notamment par le biais de la fiscalité et de la redistribution.

DISTRIBUTION DES SALAIRES* ANNUELS NETS DE PRÉLÈVEMENTS PAR SEXE DANS LE SECTEUR PRIVÉ ET SEMI-PUBLIC (SALARIÉS À TEMPS COMPLET)

	Femmes	Hommes	Ensemble
D1	11430	12511	12055
D2	12680	14018	13466
D3	13745	15409	14753
D4	14893	16892	16166
Médiane (D5)	**16310**	**18622**	**17802**
D6	18073	20805	19813
D7	20299	23850	22498
D8	23425	28769	26788
D9	29436	38832	35513
D9/D1	2,6	3,1	2,9

* En 2004, en euros.

• Lecture : chaque décile correspond à une valeur qui partage l'effectif en 10 groupes égaux ; ils sont classés par ordre croissant. Par exemple, en 2004, 10 % des salariés à temps complet du secteur privé et semi-public gagnent un salaire annuel net inférieur à 12055 €, 20 % inférieur à 13 466 €...

• Le rapport interdécile (D9/D1) constitue une mesure des inégalités : « 3,1 » signifie que les 10% d'hommes les mieux payés perçoivent en moyenne un salaire 3,1 fois plus élevé que les 10% d'hommes les moins bien payés.

Source : INSEE, DADS 2004 (fichier semi-définitif).

Un nouvel âge des inégalités

Le tournant du siècle laisse apparaître un « nouvel âge des inégalités », comme l'affirment Jean-Paul Fitoussi et Pierre Rosanvallon dans l'ouvrage éponyme (paru en 1996). Outre des inégalités liées à l'origine des revenus, se dessinent aujourd'hui de nouvelles formes d'inégalités à l'intérieur de catégories qui semblaient partager auparavant un destin commun : les jeunes, les cadres, les ouvriers, les femmes... Ces inégalités, que ces auteurs qualifient de résiduelles, sont liées aux trajectoires singulières des individus. Par exemple, une insertion professionnelle ratée (sortie du système éducatif entre 1992 et 1994) a pu conduire un diplômé à accepter un emploi sous-qualifié, le condamnant à monter petit à petit dans la hiérarchie professionnelle, alors qu'un jeune diplômé sorti de l'école en 1998 ou 1999 a pu accéder directement au même emploi, peut-être même avec un niveau de formation plus faible, compte tenu de l'évolution du marché du travail. Ces inégalités d'un nouveau type font donc peser sur les individus une pression beaucoup plus forte, puisqu'une erreur initiale se paie plus lourdement que naguère.

Le creusement des inégalités de revenu à partir des années 1980

A partir de 1982-1983, l'orientation de la politique économique contribue au renforcement des inégalités. En effet, l'objectif de lutte contre l'inflation entraîne un ralentissement de la progression des salaires (qui n'augmentent plus aussi vite que les gains de productivité) et un accroissement des taux d'intérêt dans le but de ralentir la création de monnaie. Ainsi les revenus salariaux stagnent, alors que ceux du capital augmentent.

LES INÉGALITÉS DE PATRIMOINE

L'évolution des inégalités peut être interprétée comme le passage d'un modèle de régulation qualifié de fordisme à un nouveau modèle, dit de croissance patrimoniale, qui repose sur la prééminence de la finance sur l'économie.

L'évolution des revenus du capital favorise sa concentration

L'évolution divergente des revenus du travail et du capital aboutit à une augmentation des inégalités de patrimoine. En effet, la faible progression des salaires oblige les salariés à renoncer à une partie de leur consommation s'ils souhaitent se construire un patrimoine par l'épargne, alors que les rentiers voient leurs revenus progresser rapidement. De plus, les transformations des systèmes financier et productif permettent des effets d'aubaine pour les détenteurs de patrimoine élevé (privatisations) qui renforcent encore ces inégalités.

Le résultat du passage à une croissance patrimoniale

Naguère, le travail ponctionnait la part la plus importante de la valeur ajoutée, ensuite étaient servis les actionnaires, avec le solde de richesse créée, en recourant éventuellement à l'inflation pour rendre le partage tolérable. Aujourd'hui, l'inflation est proscrite, car son retour raboterait les revenus du capital, et les actionnaires sont servis en premier. Revient alors aux salariés un solde oscillant entre 60 % et 63 % de la valeur ajoutée, le niveau précis dépendant de la capacité de ceux-ci à imposer un rapport de forces, en fonction de l'état du marché du travail.

24 LES INÉGALITÉS PROFESSIONNELLES ENTRE HOMMES ET FEMMES

La progression de l'activité féminine marque une rupture par rapport à la traditionnelle division sexuelle du travail et rapproche les rôles sociaux des hommes et des femmes. Cependant, la persistance d'inégalités professionnelles prouverait que la division sexuelle a été reportée sur le marché du travail.

DES INÉGALITÉS FACE À L'EMPLOI

Malgré les textes, les inégalités entre hommes et femmes restent prégnantes.

Les femmes sont davantage touchées par le chômage

Depuis la fin des années 1970, le taux de chômage des femmes est supérieur à celui des hommes d'environ quatre points : ainsi en 1985, la fréquence du chômage concernait 12,6 % des femmes, mais seulement 8,5 % des hommes. En 2006, ces fréquences sont respectivement devenues 9,4 % et 8 %. L'évolution des taux de chômage féminin et masculin est donc quasi parallèle. Tout se passe comme si le fait d'être une femme exposait à un risque de chômage plus élevé, quel que soit l'état du marché du travail.

Les femmes sont davantage touchées par l'emploi atypique

Les emplois occupés par les femmes sont concentrés dans le secteur des services, qui se trouve être le plus important pourvoyeur de formes particulières d'emplois, notamment à temps partiel. Les femmes sont ainsi environ six fois plus nombreuses à travailler à temps partiel que les hommes.

Contrairement à une idée reçue selon laquelle le temps partiel serait plébiscité par les femmes, celui-ci paraît plus souvent imposé et n'est qu'un pis-aller pour des femmes peu qualifiées car les emplois auxquels elles peuvent avoir accès (vendeuse, technicienne de surface, caissière...) sont majoritairement à temps partiel.

PREMIER EMPLOI : LES FEMMES PLUS SOUVENT EN TEMPS PARTIEL

Quel que soit le niveau de diplôme, ce sont majoritairement les femmes qui ont été embauchées à temps partiel pour leur premier emploi.

Proportion de jeunes embauchés à temps partiel pour leur premier emploi

	Hommes en %	Femmes en %
Non qualifiés	12	38
CAP ou BEP non diplômés, 2de ou 1re	8	24
CAP ou BEP	7	32
Bac non diplômés	8	32
Bac professionnel ou technologique	9	27
Bac+1 ou bac+2 non diplômés	14	28
Bac+2	7	13
2e cycles	15	21
3e cycles ou écoles	7	14
Ensemble	9	23

Source : CÉREQ (enquête génération 2001). Jeunes sortis du système scolaire en 2001 et ayant occupé au moins un emploi au cours de leurs trois premières années de vie active.

DES INÉGALITÉS DANS LES DÉROULEMENTS DE CARRIÈRE

La répartition des femmes par niveau hiérarchique peut être appréciée à l'aide de la nomenclature des PCS. On peut calculer un taux de féminisation de chaque PCS, mesurant la part des femmes dans l'effectif total.

○ Une hiérarchie professionnelle sexuée

Il apparaît que la part des femmes décroît lorsqu'on s'élève dans la hiérarchie professionnelle. Ainsi, elles représentent les trois quarts des métiers d'exécution du secteur tertiaire (employés), mais 46 % du petit encadrement (professions intermédiaires) et un tiers des cadres et professions libérales. Pour ces derniers, la situation est structurellement faussée dans la mesure où la PCS des cadres et professions intellectuelles supérieures compte dans ses rangs les enseignants (fonctionnaires de catégorie A), parmi lesquels les femmes sont nombreuses. Notons que même dans le monde enseignant, défendant légalement et moralement l'égalité professionnelle, la part de femmes décroît au fur et à mesure que le niveau d'enseignement augmente : les femmes professeurs d'université sont ainsi encore bien minoritaires.

○ Les femmes sont victimes d'inégalités salariales

Les femmes perçoivent en moyenne des salaires nets annuels moyens inférieurs de près de 20 % en moyenne à ceux des hommes. L'écart, après s'être réduit dans les années 1980, s'est à nouveau accru dans les années 1990. Cette situation s'explique en partie par le poids du temps partiel dans l'activité féminine (travail à temps partiel signifie également salaire partiel), ainsi que par la structure de l'activité féminine, concentrée dans les services, où les gains de productivité plus faibles déterminent un niveau de rémunération inférieure. Mais à PCS identique, des différences de rémunération persistent. Ainsi, en 2002 (derniers chiffres disponibles), les inégalités salariales entre les femmes et les hommes augmentent avec la position hiérarchique : alors qu'une femme employée perçoit 7 % de moins qu'un homme, une femme cadre touche un salaire inférieur de 23 % à celui de son homologue masculin. Si le classement des différents emplois de cadres est commun, la réalité des responsabilités et des rémunérations est nettement différenciée entre les hommes et les femmes.

La loi relative à l'égalité salariale entre les femmes et les hommes du 23 mars 2006

La loi de 2006 n'est pas la première loi visant à réduire les inégalités salariales entre les hommes et les femmes. Plusieurs lois furent votées entre 1983 et 2005 sans agir véritablement sur ces inégalités. Mais la nouvelle loi se donne comme objectif de supprimer les écarts de rémunération entre les hommes et les femmes dans les cinq ans à venir, un autre objectif étant d'accélérer l'accès des femmes et des jeunes filles à la formation professionnelle et à l'apprentissage en incitant les partenaires du secteur à promouvoir la mixité.

Certaines dispositions de cette loi furent censurées par le Conseil constitutionnel, notamment celle introduisant des quotas de femmes dans les conseils d'administration, les comités d'entreprise et différents organismes représentatifs.

25 LES VIOLENCES URBAINES

Depuis les incidents de Vaulx-en-Velin en 1979, l'insécurité urbaine est une préoccupation centrale. Si ce phénomène n'est pas propre à la France, sa persistance pose le problème de la crédibilité des institutions publiques dans une République qui se veut « une et indivisible ».

LE CONSTAT DES VIOLENCES URBAINES

80 % des actes de violence connus concernent 20 départements et une population plutôt jeune.

Les caractéristiques des violences urbaines

La principale caractéristique des violences est leur concentration sur un territoire relativement limité. Toutefois, si on étudie l'évolution de cette violence, on peut remarquer qu'elle a tendance à s'étendre sur l'ensemble du territoire et à toucher des départements ruraux. En outre, ses acteurs sont de plus en plus jeunes : en 1980, 104 200 mineurs étaient impliqués dans des délits et des crimes, contre 171 800 en 1998. La délinquance juvénile rajeunit encore puisqu'elle touche des jeunes de 8 à 10 ans qui peuvent constituer de véritables bandes organisées.

Les cibles des violences urbaines

Les violences urbaines ont comme principales cibles les établissements d'enseignement, les transports publics, la voie publique. C'est en 1996 que la violence a explosé dans les établissements d'enseignement. Dans une enquête réalisée en décembre 1996 et mars 1997, le ministère de l'Éducation nationale constate que plus d'un tiers des lycées et plus de la moitié des collèges et lycées professionnels sont touchés par la violence verbale et physique.

Les transports en commun constituent une autre cible privilégiée de la violence urbaine. Les agressions collectives contre les passagers et les agents deviennent plus fréquentes, créant un climat d'insécurité. Enfin, une des manifestations les plus spectaculaires de la violence urbaine concerne les dégradations et les destructions de véhicules sur la voie publique.

Définir et mesurer les violences urbaines

Dans son *Rapport 2006*, l'Observatoire nationale de la délinquance (OND, créé en 2003 à l'initiative du ministre de l'Intérieur Nicolas Sarkozy) insiste sur la difficulté à mesurer les violences urbaines car l'expression n'a pas de véritable définition. Plusieurs tentatives ont été réalisées pour mesurer le phénomène, la dernière datant de 2005 avec l'Indicateur national des violences urbaines (INVU) qui rassemble neuf rubriques : incendies (trois rubriques : véhicules, biens publics et poubelles) ; violences collectives à l'encontre des services de sécurité de secours et de santé ; jets de projectiles ; occupations de halls d'immeubles ; dégradations de mobiliers urbains ; affrontement entre bandes ; rodéos automobiles.

Source : Rapport 2006 de l'Observatoire national de la délinquance, *La documentation française.*

LE SENS DES VIOLENCES URBAINES

Produit d'un discours policier, réponse à la violence sociale, l'interprétation des violences urbaines reste ouverte.

○ Les violences urbaines : le produit d'un discours policier

Ce point de vue est défendu par le sociologue Laurent Muchielli. La définition d'une échelle de violence par les Renseignements généraux (voir encadré ci-dessous) ne concerne qu'un certain type de violence, celle opposant les jeunes et les représentants de l'État, et plus particulièrement les policiers.

Si on ne peut discuter de l'exaspération des fonctionnaires chargés du maintien de l'ordre, la nouveauté est que ceux-ci, par l'intermédiaire de leur hiérarchie, ont réussi à imposer une certaine vision de la violence : celle exercée par des jeunes au profil bien déterminé (jeunes d'origine maghrébine, désocialisés avec des parents démissionnaires, le plus souvent toxicomanes) dans des quartiers dits « chauds » et même des « cités interdites ».

○ Les violences urbaines : réponse à la violence sociale

Le discours sur les violences urbaines est un discours plutôt « sécuritaire » qui ne prend pas en compte la dimension politique et sociale du phénomène. Ainsi, les sociologues Stéphane Beaud et Michel Pialoux, au cours de leur étude sur les ouvriers de Peugeot à Sochaux-Montbéliard, ont été confrontés à une émeute urbaine à Montbéliard au cours du mois de juillet 2002, à un moment de reprise économique.

Grâce à une enquête de terrain, ils montrent que ces « émeutes » sont le produit d'un passé caractérisé par vingt années de déstructuration des classes populaires, touchant principalement les travailleurs immigrés : chômage, précarité, effondrement du syndicalisme comme mode de représentation traditionnelle de ces classes populaires.

Émeutes urbaines ou crise des banlieues ?

Suite à la mort à Clichy-sous-Bois de deux adolescents (et aux blessures d'un troisième), électrocutés dans un transformateur EDF où ils avaient trouvé refuge pour échapper à un contrôle policier, une vague d'émeutes a secoué les départements de Seine-Saint-Denis et du Val d'Oise puis s'est étendue sur l'ensemble du territoire entre le 27 octobre et le 17 novembre 2007. Bilan de ces journées : 10 000 voitures et 30 000 poubelles incendiées ainsi que plusieurs centaines de bâtiments publics, surtout des écoles. Le président de la République décréta l'état d'urgence permettant de recourir au couvre-feu dans 25 départements (7 en usèrent).

Ces événements ont connu une couverture médiatique exceptionnelle donnant à la société française une impression de « guerre civile », image relayée à l'étranger. Pour un certain nombre de sociologues, l'ampleur de ces événements a été exagérée. Ils sont l'expression d'une crise sociale caractérisée par le sentiment d'insécurité entretenu par le débat politique et surtout par la panne du modèle républicain d'intégration.

Ainsi, vingt ans de « crise du travail » ont créé une nouvelle « classe dangereuse ». Dès lors, on peut penser que la réponse « sécuritaire » ou même une reprise de la croissance économique (comme au cours des années 1997-2001) ne peuvent résoudre un problème qui est le produit des transformations sociales depuis une vingtaine d'années.

26 LA DÉLINQUANCE JUVÉNILE

La délinquance juvénile peut être définie comme l'ensemble des transgressions de la loi par des jeunes de moins de 18 ans. Depuis la création de la fonction de juge des enfants (1945), ce problème est traité par une approche socio-éducative ; un virage répressif peut cependant être observé depuis les années 1990.

LES ANALYSES DE LA DÉLINQUANCE JUVÉNILE

Les jeunes classes laborieuses. Pour certains, les explications de la délinquance juvénile se trouveraient dans une éducation parentale défaillante (laxisme, irrespect des normes et des institutions, sorties nocturnes...). Ces critiques, portées par la petite bourgeoisie au XIXe siècle à l'encontre des parents des milieux ouvriers, se trouvent remises à l'ordre du jour, pour être appliquées aux familles d'origine étrangère, aux familles monoparentales...

Un choc des cultures. Pour d'autres, la délinquance des jeunes des milieux défavorisés s'expliquerait par une contradiction entre les normes qu'ils auraient appris à respecter dans leur famille et celles que la société leur impose.

Ce conflit de normes reposerait sur l'opposition de deux systèmes de valeurs supposés incompatibles, d'où la situation d'acculturation, produisant une mauvaise intériorisation des valeurs et des normes de la société française. Mais on doit remarquer que les jeunes d'origine étrangère sont aussi socialisés par l'école, dans un cadre culturel français, largement partagé par l'ensemble des jeunes, quelle que soit leur provenance. Les spécificités culturelles des pays sont alors souvent réinterprétées pour coller aux valeurs de la société française.

Le problème des données statistiques sur la délinquance juvénile

On peut distinguer trois types de données statistiques sur la délinquance fort différentes et qui ne renvoient pas aux mêmes « réalités ». Les données les plus utilisées sont les statistiques de police et de gendarmerie. En fait, elles enregistrent l'activité de ces deux services. On peut également utiliser les enquêtes de victimisation réalisées directement auprès des victimes, que ces dernières aient ou non porté plainte ; elles renseignent de façon beaucoup plus précise sur la réalité de certaines délinquances (celles qui font des victimes individuelles directes et conscientes, par différence à des délinquances comme la fraude fiscale ou la délinquance d'affaires). Enfin, les enquêtes de délinquance auto-déclarée, qui sont menées auprès de populations pour les interroger sur leurs éventuelles pratiques délinquantes.

Source : Laurent Mucchielli, Comprendre, *2004, n° 5, p. 199-220.*

Une crise de civilisation. L'accroissement du nombre des violences interpersonnelles peut être interprété comme la fin du processus de « civilisation des mœurs » décrit par Norbert Elias. Les délinquants ne seraient alors plus capables d'autocontrôler leurs pulsions destructrices. Il en découlerait une augmentation des comportements barbares, se déclinant le plus souvent en des actes d'une extrême violence.

Une forme de lutte des classes. La délinquance des jeunes résulterait ici de leurs conditions de vie. Confrontés aux « petits boulots », à « la galère », les actes de délinquance d'une jeunesse laissée pour compte de la société de consommation exprimeraient sa révolte et son refus d'un futur sans avenir. Si cette grille de lecture permet de mettre en perspective les phénomènes qualifiés de violences urbaines, elle est incapable de rendre compte de la délinquance des jeunes intégrés par l'école ou l'emploi.

LES POLITIQUES DE LUTTE CONTRE LA DÉLINQUANCE JUVÉNILE

D'une politique socio-éducative depuis 1945...

L'ordonnance de 1945 instaure la primauté du traitement socio-éducatif de la délinquance des mineurs sur les sanctions pénales, qui bien qu'existantes, sont graduées en fonction de l'âge. Les mineurs délinquants non condamnés à des peines de prison sont confiés à des institutions éducatives, dont une large part relève du secteur privé (associations), bien que la maîtrise de la prise en charge des mineurs délinquants soit une prérogative du secteur public, illustrée par le travail des éducateurs implantés auprès des juridictions.

Depuis 1958, a été rajoutée à celles-ci une compétence civile liée à l'assistance d'enfants en danger. Dans un objectif de protection de l'enfance, le juge peut être saisi par un tiers ou se saisir lui-même. Concrètement, les mesures décidées en matière pénale ou civile sont souvent proches (placements) si bien que les deux régimes sont confondus, les mêmes magistrats suivant les deux types de dossiers, tentant parfois de traiter de manière civile des dossiers pénaux.

... à la tentation répressive en fin de XXe siècle

Les évolutions récentes de la délinquance juvénile dénotent une croissance continue des mineurs mis en cause pour l'ensemble des crimes et des délits, un rajeunissement des mineurs incriminés et une violence accrue, lors d'agressions par exemple. Face aux exigences des citoyens soumis à un sentiment d'insécurité croissant, les pouvoirs publics ont été tentés de réagir en accentuant l'arsenal répressif (vidéosurveillance, création de polices municipales...). L'utilisation par un ministre de l'Intérieur en exercice du terme « sauvageons », pour qualifier les jeunes délinquants multirécidivistes des quartiers sensibles, est révélateur du glissement sécuritaire des forces de l'ordre sur le terrain.

Depuis mai 2002, un virage répressif semble amorcé annonçant le passage d'un État-providence à un « État-pénitence » : dans les pays anglo-saxons, les pouvoirs publics ont largement renoncé à un traitement social de la « question sociale » pour privilégier un traitement répressif, devançant en cela les préoccupations de la partie la plus réactionnaire de leur électorat.

> **Projet de loi sur la délinquance des mineurs**
>
> **L'Assemblée nationale a adopté le 13 février 2007 le projet de loi sur la prévention de la délinquance présenté par Nicolas Sarkosy, alors ministre de l'Intérieur. Cette loi donne des pouvoirs accrus aux maires et il est prévu, dans les communes de plus de 10 000 habitants, de constituer un Conseil local de sécurité et de prévention de la délinquance.**

27 LA LUTTE CONTRE LES DISCRIMINATIONS

Depuis 1789, les citoyens français « naissent et demeurent libres et égaux en droits : les distinctions sociales ne peuvent être fondées que sur l'utilité commune ». Pourtant, les discriminations existent, justifiant l'urgence de la lutte contre elles, et la prise de conscience de cette nécessité.

LES DISCRIMINATIONS

Une discrimination désigne le fait d'être traité de façon inégale des autres, en raison de son appartenance à un groupe présentant des caractéristiques connotées négativement : appartenance ethnique, religion, couleur de peau, handicap, orientation sexuelle...

Discriminations négative et positive

On parle de discrimination négative quand l'individu subit la situation d'inégalité : il est alors désavantagé, par exemple par un accès plus difficile à l'emploi, à un logement, à un poste à responsabilités dans son entreprise... Comme l'action discriminatoire est illégale, elle n'est pas mise en avant par le discriminant, qui invoque souvent d'autres motivations (moindre niveau de diplôme, manque d'expérience, troubles de comportement...) dans sa prise de décision. La discrimination peut être aussi positive. Il s'agit alors de mesures volontaires prises dans le but de corriger des inégalités de départ, ressenties comme injustes et devant être combattues (pauvreté, misère intellectuelle, handicaps physiques...).

Les origines des discriminations différentes selon les paradigmes

Dans une approche holiste, les discriminations reflètent la domination de certains groupes sociaux sur les autres, chacun pouvant être le discriminant de quelqu'un d'autre,

CATÉGORIE SOCIOPROFESSIONNELLE DU PREMIER EMPLOI EN FRANCE (EN %)

PCS*	Femmes		Hommes		Ensemble	
	Non immigrés	Immigrées	Non immigrés	Immigrés	Non immigrés	Immigrés
AE*	5	2	6	1	6	1
ACCE*	3	2	2	3	2	3
CPIS*	6	3	8	6	7	5
PI*	17	11	16	10	17	10
Employés	50	64	17	13	34	34
dont non qualifiés	*22*	*45*	*5*	*6*	*14*	*23*
Ouvriers	17	18	48	66	32	46
dont non qualifiés	*12*	*10*	*27*	*37*	*19*	*25*
Inconnue	2	0	3	1	2	1
Ensemble	100	100	100	100	100	100

*PCS : professions et catégories socioprofessionnelles ; AE : agriculteurs exploitants ; ACCE : artisans, commerçants, chefs d'entreprise ; CPIS : cadres et professions intellectuelles supérieures ; PI : professions intellectuelles.

Source : INSEE, enquête « Histoire de vie – construction des identités 2003 », in Économie et statistique, *n° 309-394, 2006.*

moins bien placé que lui dans la hiérarchie sociale. Ainsi, les discriminations résultent de la place occupée dans les rapports de production (approche marxiste). Les discriminations peuvent également résulter d'interactions entre discriminants et discriminés. Une discrimination serait alors la réponse apportée à un comportement ou une situation, jugés comme déviants par la société. L'individu concerné est alors « mal traité » par les autres par ce qu'il est étiqueté et considéré comme déviant ; il adopte alors effectivement le comportement qu'on lui reproche d'avoir (à tort ou à raison), ce qui justifie sa stigmatisation par la suite, d'où de nouvelles discriminations...

COMMENT LUTTER CONTRE LES DISCRIMINATIONS ?

Discrimination positive ou lutte contre la discrimination par la voie légale sont deux axes d'actions privilégiés.

Le testing

Venue des États-Unis, la méthode du *testing* consiste à faire tenter une action par deux personnes (réelles ou fictives), l'une présentant les caractéristiques du groupe discriminé et l'autre les caractéristiques du groupe dominant, par exemple pour l'entrée en discothèque, les réponses à des offres d'emploi ou de location de logement... La divergence des réponses à chacun permet de mettre en évidence la discrimination et son origine.

La méthode de la discrimination positive

La discrimination positive est née aux États-Unis : elle est apparue dans les années 1960 à la suite du mouvement pour la défense des droits civiques, et dans un contexte de libéralisme culturel croissant. Il s'agit d'un ensemble de mesures préférentielles destinées à aider les minorités les plus défavorisées. Par exemple, politique de quotas de membres des minorités pour les recrutements dans les universités ou la fonction publique. Dans sa *Théorie de la justice* (1971), le philosophe J. Rawls a construit un support doctrinaire, en prouvant que des inégalités étaient admissibles dans une optique de justice sociale dès lors qu'elles profitent aux populations les plus démunies. Cependant, des effets pervers apparaissent car la discrimination positive stigmatise les populations bénéficiaires et peut même discréditer les individus qui en sont issus, ayant réussi sans elle. Enfin, les politiques de quotas reposent davantage sur des appartenances ethniques que sur des inégalités sociales.

Une réglementation anti-discrimination au nom de l'universalisme

En France, la discrimination positive a été adaptée avec une logique territoriale (zones d'éducation prioritaire (ZEP) dotées de moyens supplémentaires, recrutement de lycéens issus de ZEP en IEP...), mais avec une économie de moyens telle que la différence entre ZEP et non ZEP se distingue à peine, alors que les conditions de vie des quartiers se sont aggravées, d'où une remise en cause du principe et une concentration accrue de moyens sur quelques établissements ciblés (les collèges « Ambition réussite »). Cependant, la discrimination positive ne correspond guère à la conception universaliste française. Reconnaissant cette incompatibilité culturelle, nombreux sont ceux qui militent plutôt pour une application plus ferme des lois anti-discrimination. La principale difficulté est alors de constituer le délit, c'est-à-dire de mettre en évidence les comportements discriminatoires, d'où une mobilisation d'associations, comme SOS Racisme, recourant au *testing*.

28 LE SUICIDE

Le suicide consiste à se donner volontairement la mort. C'est un phénomène auquel toutes les sociétés ont été et restent confrontées et que l'on considère souvent comme un acte purement individuel. Pourtant le suicide revêt un caractère plus social.

LE SUICIDE EST AVANT TOUT UN PHÉNOMÈNE SOCIAL

L'attitude des sociétés à l'égard du suicide dépend de leur culture et de l'époque. Ce geste légitimé et célébré dans l'Antiquité était même légalisé dans la civilisation japonaise, le suicide permettant à l'individu de réparer son manquement au devoir. Il fut même un acte patriotique pour les « kamikazes » au cours de la Seconde Guerre mondiale.

Le suicide touche toutes les sociétés

Si aujourd'hui les adeptes de certaines sectes idéalisent le suicide, les religions judaïque et islamique, à l'instar de l'Église catholique, dès le Moyen Âge, condamnent cet acte en le considérant comme un péché. Pourtant, il demeure partout et à toutes les époques un phénomène de grande ampleur.

Ainsi en moyenne chaque année on dénombre environ 12 000 suicides en France, ce qui représente 2 % des causes de décès. La France se situe sur ce plan parmi les nations européennes les plus touchées après la Finlande, le Danemark et l'Autriche. Le suicide constitue la première cause de mortalité chez les 25-34 ans en France et la deuxième chez les 15-24 ans.

Taux de suicide pour 100 000 habitants

Pays	Année	Hommes	Femmes
Allemagne	2001	20,4	7,0
Argentine	1996	9,9	3,0
Autriche	2003	27,1	9,3
Canada	2001	18,7	5,2
Chine	1999	13,0	14,8
Espagne	2002	12,6	3,9
États-Unis	2001	17,6	4,1
Finlande	2003	31,9	9,8
France	2001	26,6	9,1
Grande-Bretagne	2002	10,8	3,1
Inde	1998	12,2	9,1
Japon	2002	35,2	12,8
Russie	2002	69,3	11,9
Suède	2001	18,0	8,1

Source : OMS.

Bien que le nombre de suicides soit plus élevé que celui des morts par accidents de la route, le phénomène reste peu médiatisé. De plus, la hausse de ce taux est d'autant plus préoccupante que, de manière générale, le nombre de suicides est sous-évalué.

○ Le suicide est lié aux conditions sociales

Aujourd'hui, si le suicide constitue parfois une forme de protestation contre un système politique, il est davantage le moyen d'exprimer une détresse sociale, en particulier pour les hommes d'âge actif, dont le taux de suicide est élevé. Ainsi en France, le taux de suicide le plus fort se rencontre dans la catégorie des agriculteurs âgés de plus de 60 ans, qui cumulent souvent isolement social et géographique.

De même, le nombre trois fois plus élevé de personnes inoccupées mettant fin à leurs jours (composées aux deux tiers par des chômeurs) par rapport aux actifs occupés, prouve à quel point, dans une société où le travail est un vecteur important de sociabilité, l'absence de relations sociales est destructrice pour l'individu. Le suicide est aussi le signe d'une vulnérabilité professionnelle : ainsi en France, au milieu des années 1990, les ouvriers étaient six fois plus touchés que les membres de professions intellectuelles supérieures. Il est, par ailleurs, l'aboutissement de problèmes familiaux que la crise de la famille ne peut qu'accentuer : le suicide est plus important chez les célibataires, les veufs et les divorcés que dans la moyenne de la population.

Ce serait donc l'absence d'intégration sociale, la difficulté de se projeter dans l'avenir lié à un chômage important et la perte de repères traditionnels (religieux notamment) qui pourraient expliquer principalement le suicide dans des sociétés développées en crise. Mais les suicides progressent aussi dans les périodes de forte croissance économique, car les changements qui les accompagnent sont porteurs d'instabilité sociale.

LE SUICIDE DANS LA PERSPECTIVE DE DURKHEIM

En 1897, Émile Durkheim analyse le suicide en rupture avec les interprétations cliniques dominantes.

○ Le suicide révèle la force ou la faiblesse des liens sociaux

Plus qu'une pathologie individuelle liée à la folie, la mélancolie, la culpabilité ou le rejet de soi, le suicide est un fait social en ce sens qu'il est « inscrit » dans les sociétés, comme le montre la régularité de l'acte dans le temps. Selon lui, le suicide révèle l'emprise trop faible ou, au contraire, excessive que la société exerce sur l'individu. Durkheim explique le suicide « égoïste » par le repli de l'individu sur lui-même aboutissant à une carence des liens sociaux empêchant l'individu de trouver des motifs d'existence (suicide du retraité par exemple). Le suicide « altruiste » au contraire est lié à une excessive intégration de l'individu en quelque sorte écrasé par les règles du groupe (suicide du militaire par exemple).

○ Le suicide est aussi fonction de la prégnance des règles sociales

Le dérèglement des valeurs ne permet plus la régulation de la société. Une telle situation conduit au suicide anomique qui, selon Durkheim, constitue la forme de suicide la plus répandue dans les sociétés modernes. En effet, les changements sociaux transforment les normes antérieures sans qu'elles soient remplacées par de nouvelles. Dans ce contexte, les individus perdent leurs points de repère; la société ne canalise plus leurs désirs et leurs ambitions individuelles, qui demeurent illimités. C'est le cas dans les phases d'expansion économique qui, en faisant naître des frustrations, expliquent la progression des suicides.

29

LES TOXICOMANIES

De façon simple, la toxicomanie peut être définie comme un comportement de consommation, plus ou moins habituelle, de produits psychotropes susceptibles de créer un état de dépendance. Cette consommation, réservée jadis à une minorité, s'est démocratisée, engendrant un certain nombre d'effets pervers.

LES FORMES TRADITIONNELLES DE LA TOXICOMANIE

Les travaux des historiens montrent que la consommation de stupéfiants est aussi vieille que l'humanité et possède une dimension religieuse indéniable.

La toxicomanie peut être considérée comme un fait social

Les substances toxiques servent au chaman à entrer en transe pour être plus réceptif aux messages de ses divinités ; les croyants étant impressionnés par les manifestations de l'absorption de drogues. Celles-ci ont aussi été utilisées pour des rites initiatiques, symbolisant un changement d'état, par exemple lors du passage de l'enfance à l'âge adulte, ou de celui d'ignorant au statut d'initié. Parfois, la consommation de drogues obéit à une logique proche de ce l'on qualifie de dopage aujourd'hui, par exemple le mâchage de boulettes de feuilles de coca par le paysan andin pour supporter la pénibilité du travail en altitude. L'alcoolisme chronique chez les ouvriers du XIXe siècle entre également dans le même ordre d'idées.

Ainsi, la consommation de drogues est une constante dans l'histoire de l'humanité, sans que le drogué ait toujours conscience de son état. On retrouve bien ici l'approche du fait social par Émile Durkheim : il se manifeste par une contrainte sur le comportement des individus.

L'EXPÉRIMENTATION DE PRODUITS LICITES ET ILLICITES À 17-18 ANS EN 2003

Pays	Filles	Garçons	Ensemble
Alcool	92,8 %	93,8 %	93,3 %
Tabac	79,3 %	75,9 %	77,6 %
Cannabis	49,7 %	56,2 %	53,0 %
Médicaments psychotropes	37,9 %	15,5 %	26,5 %
Produits à inhaler	4,1 %	5,2 %	4,7 %
Poppers	3,7 %	5,3 %	4,5 %
Champignons hallucinogènes	2,6 %	5,9 %	4,3 %
Ecstasy	3,0 %	5,2 %	4,2 %
Amphétamines	1,5 %	3,0 %	2,3 %
Cocaïne	1,7 %	2,8 %	2,3 %
LSD	0,9 %	1,9 %	1,4 %
Héroïne	0,8 %	1,3 %	1,1 %
Crack	0,7 %	1,0 %	0,9 %
Kétamine	0,4 %	0,7 %	0,6 %
Subutex®	0,6 %	0,9 %	0,8 %
GHB	0,3 %	0,5 %	0,4%

Source : Rapport de l'Office français des toxicomanies, enquête ECSAPAD 2003, octobre 2004

Note : ces données mesurent le pourcentage de personnes dans une population ciblée, qui a consommé au moins une fois un produit psychotrope dans sa vie.

Une toxicomanie de différenciation sociale

La consommation de stupéfiants se répand chez les intellectuels et les artistes au XIXe siècle. Cette toxicomanie obéit à une logique expérimentale, et, suivant les drogues, traduit le désir de rompre avec les entraves de l'espace-temps, d'élargir les perceptions humaines au-delà des limites connues, d'accéder à une jouissance ignorée (les « paradis artificiels » de Charles Baudelaire...).

Les toxicomanes, refusant de rester dans le cadre des lois, usent des produits stupéfiants pour mieux marquer leur condition sociale. Les travaux du sociologue américain Howard Becker (*Outsiders, études de sociologie de la déviance*, Métaillé, 1985) sur les fumeurs de marijuana parmi les musiciens de jazz dans les années 1950 constituent une référence pour comprendre la consommation de drogues de ces « outsiders », tentés par des conduites déviantes par provocation. Ils intériorisent ainsi leur image de déviant, et sont de plus étiquetés comme marginaux par la population du fait de leur mode de vie. Il semblerait alors que ces interactions les conduisent à entrer dans une carrière déviante, de toxicomane notamment.

LES TOXICOMANIES D'AUJOURD'HUI

Une toxicomanie anomique...

Dans les années 1950 ou 1960, les mouvements « beat » et « hippie » ont contribué à la démocratisation des stupéfiants. En effet, un des moyens d'opposition aux institutions sociales pouvait consister à adopter des pratiques choquantes pour les « braves gens » : port de cheveux longs, écoute de musiques d'un genre nouveau, consommation de stupéfiants... En définitive, c'est l'inadéquation entre les normes de la société et leurs attentes qui permet de qualifier la toxicomanie des jeunes des années 1970 d'anomique, c'est-à-dire résultant d'une carence de règles sociales communément acceptées (refus de la conformité petite-bourgeoise) au sens durkheimien du terme, mais aussi au sens de Robert K. Merton. En effet, il y a bien décalage entre les aspirations des jeunes hippies et les moyens d'expression que la société leur autorisait.

... mais aussi une toxicomanie festive d'intégration sociale

L'exemple de l'alcool (particulièrement en France) est révélateur d'une représentation bien ancrée dans les esprits : l'idée que la fête s'accompagne de la consommation d'alcool est partagée par toutes les générations. L'Observatoire français des toxicomanies constate d'ailleurs que la fréquence de consommation d'alcools autres que le vin s'accroît. Ce mouvement semble généralisé aux produits stupéfiants, puisque le cannabis, la cocaïne et de nouveaux produits de synthèse (ecstasy) sont de plus en plus consommés, le plus souvent en association, y compris avec de l'alcool, dans des ambiances festives. L'alcool consommé en premier ôte les inhibitions de ceux qui demeurent des utilisateurs occasionnels de stupéfiants, en fin de soirée par exemple.

La consommation de cannabis est si répandue que certains utilisateurs n'hésitent pas à demander sa légalisation, du fait de l'écart existant entre la loi et les pratiques de consommation. Au contraire, la consommation d'héroïne semble régresser à cause de la désaffectation à l'égard de cette machine à fabriquer des « accros » qui, par ailleurs, a une image « datée » auprès de la population (alors que les produits de synthèse sont plus en vogue). De plus, les traitements de substitution se sont répandus depuis 1996.

30 L'EUROPE SOCIALE

L'Europe sociale désigne les politiques sociales de l'Union européenne et rassemble les règles édictées par les institutions européennes dans le domaine social. Elle fait principalement référence à la protection sociale, aux relations professionnelles, aux conditions de travail et aux négociations salariales.

LES ENJEUX DE L'EUROPE SOCIALE

L'Europe se caractérise par une grande diversité des systèmes sociaux.

Un domaine fondamental

Dans une situation concurrentielle accrue par l'ouverture des frontières, cette diversité peut faire craindre aux pays ayant un haut niveau de protection et de législation sociales la réduction de leurs acquis sociaux .

La construction d'un modèle social européen, visant à garantir des droits minimaux à tous les travailleurs et consommateurs européens tout en assurant une cohésion sociale à travers un système de protection sociale efficace, apparaît donc comme une nécessité car elle est en mesure d'éviter une segmentation des espaces européens et une course au « moins disant social ».

En même temps, elle est la condition d'une compétitivité accrue de l'économie européenne. Celle-ci dépend en effet de son aptitude à s'adapter aux nouvelles technologies de l'information et de la communication. Ceci suppose une main-d'œuvre compétente (donc formée), impliquée (donc intégrée dans un système de relations professionnelles) et adaptable (donc sécurisée pour pouvoir accepter le changement).

Des difficultés de mise en place

L'Europe sociale apparaît comme un coût et une contrainte pour les tenants d'une Europe économique libérale, convaincus que le marché est, seul, capable de générer le progrès social pour tous.

L'élaboration d'un droit social communautaire est aussi freiné par le principe de subsidiarité selon lequel l'union européenne ne doit prendre en charge que ce qui ne peut-être traité par chaque État membre.

La charte sur les droits sociaux

La charte communautaire sur les droits sociaux fondamentaux des travailleurs est adoptée en 1989 (1997 par la Grande-Bretagne). Elle concerne les droits relatifs aux conditions de travail (droit à un repos hebdomadaire et au congé annuel payé, par exemple) ; elle offre la liberté d'association et de négociation collective des acteurs sociaux et érige en principe l'égalité de traitement entre hommes et femmes. Elle instaure aussi des garanties empêchant l'exploitation du travail des enfants et des adolescents et oblige chaque État à mettre en place des mesures facilitant l'insertion professionnelles des personnes handicapées. Cette charte est intégrée dans le traité constitutionnel pour l'Europe que la France n'a pas ratifié lors du référendum du 29 mai 2005.

LA CONSTRUCTION DE L'EUROPE SOCIALE

Les différents traités ont fondé les bases d'une Europe sociale.

Des avancées législatives

Le traité de Rome (1957) a affiché le principe d'égalité des sexes au travail dans le domaine des rémunérations. La libre circulation des individus entre État membres (accords de Schengen – 1985) s'est accompagnée d'une coordination des régimes de base obligatoires de Sécurité sociale (santé, retraite). En 1986, l'Acte unique a conféré à la Communauté des compétences relatives à la santé et au travail.

Une directive de 1994 impose l'institution d'un comité d'établissement d'entreprise européen dans les entreprises et les groupes de dimension communautaire pour obliger les employeurs à consulter les représentants des travailleurs dans le cas où des licenciements collectifs sont envisagés. De plus, le développement de la négociation collective entre partenaires sociaux, notamment l'UNICE (Union des industries de la communauté européenne) et la CES (Confédération européenne des syndicats), a permis la signature d'accords concernant, entre autre, le congé parental, le temps partiel et les contrats à durée déterminée.

Le traité d'Amsterdam (novembre 1997) et le Pacte européen sur l'emploi (Conseils européens de Vienne, décembre 1998 et de Cologne, juin 1999), marquent de plus la volonté des États membres d'agir contre le chômage. Au sommet de Nice (décembre 2000), les États européens se sont aussi engagés, à travers l'Agenda social européen, à lutter contre la pauvreté et l'exclusion en coordonnant leurs actions. Revu en 2005, l'Agenda social 2005-2010, élaboré par José Manuel Barroso, met l'accent sur l'emploi, l'égalité des chances et la solidarité.

La seconde phase de l'Agenda social

« Une Europe sociale dans l'économie mondiale : des emplois et de nouvelles chances pour tous », telle est la devise de la seconde phase de l'Agenda social couvrant la période allant jusqu'en 2010. Ainsi que la Commission l'a précisé, la vision qui nous unit, confirmée par la Constitution, consiste à assurer « le développement durable de l'Europe fondé sur une croissance économique équilibrée et sur la stabilité des prix, une économie sociale de marché hautement compétitive, qui tend au plein emploi et au progrès social, et un niveau élevé de protection et d'amélioration de la qualité de l'environnement ».

http://www.social-law.net/article.php3?id_article=594

Les dispositions financières

En 1960 un FSE (Fond social européen) a été mis en place. Son objectif était de promouvoir l'emploi et la mobilité professionnelle et géographique des travailleurs au sein de la Communauté. Sa mission s'est élargie afin de prendre en compte les problèmes de chômage de longue durée et l'insertion des jeunes. Le fond soutient financièrement des actions en faveur de la formation, de la reconversion professionnelle et de la création d'emplois, permettant d'améliorer le fonctionnement des marchés du travail (notamment pour les régions les plus défavorisées). 11 milliards d'euros lui ont été alloués, pour l'année 2007, ce qui représente environ 9 % du budget européen.

REPÈRES BIBLIOGRAPHIQUES

Fiches 17 à 19 sur l'exclusion

- *Serge Paugam,* Le Salarié de la précarité, *PUF, 2000.*
- *Robert Castel,* Métamorphoses de la question sociale, *Fayard, 1995.*

Fiche 20 « La stratification sociale »

- *Gilles Ferréol et Jean-Pierre Noreck,* Introduction à la sociologie, *Armand Colin, 1989.*
- *Michèle Giacobbi et Jean-Pierre Roux,* Initiation à la sociologie, *Hatier, 1990.*

Fiche 21 « La mobilité sociale »

- *Dominique Merllié, « Mobilité sociale »,* Cahiers Français, *n° 291, 1999.*
- *Louis-André Vallet, « Quarante années de mobilité sociale en France. L'évolution de la fluidité sociale à la lumière de modèles récents »,* Revue française de sociologie, *XL, n° 1, 1999.*

Fiche 22 « L'égalité des chances »

- *Marie Duru-Bellat et Agnès Van Zanten,* Sociologie de l'école, *collection « U », Armand Colin, 1999.*
- *Pierre Bourdieu et Jean-Claude Passeron,* Les Héritiers, *Minuit, 1964.*

Fiches 23 et 24 sur les inégalités

- *Alain Bihr et Roland Pfefferkorn,* Déchiffrer les inégalités, *Syros, 1999.*
- *« Inégalités à la française »,* Le Monde, *Dossiers et documents n° 281, nov. 1999.*
- *Thomas Piketty,* L'Économie des inégalités, *coll. « Repères » n° 216, La Découverte, 1999.*
- *« Hommes/femmes : la marche vers l'égalité »,* Le Monde, *Dossiers et documents, n° 284, février 2000.*
- *Margaret Maruani et Emmanuelle Reynaud,* Sociologie de l'emploi, *coll. « Repères », La Découverte, 1999.*

Fiche 25 « Les violences urbaines »

- *Stéphane Beaud et Michel Pialoux,* Violences urbaines, violences sociales, *Fayard, 2003.*
- *« Une société française face à sa jeunesse »,* Sciences humaines, *Les grands dossiers n° 4, sept-oct.-nov. 2006.*

Fiche 26 « La délinquance juvénile »

- *Catherine Blatier et Michel Robin,* La Délinquance des mineurs en Europe, *Presses universitaires de Grenoble, 2000.*
- *Laurence Cavé,* La Délinquance des mineurs, *Carnot, 2000.*

Fiche 28 « Le suicide »

- *Émile Durkheim,* Le Suicide, *coll. « Quadrige », PUF.*

Fiche 30 « L'Europe sociale »

- *Odile Quintin et Brigitte Favarel-Dapas,* L'Europe sociale, *La Documentation française, 1999.*

Des sujets de dissertation

- Culture, inégalités et démocratie dans le monde contemporain.
- La ville, lieu de perdition ou lieu de cohésion ?
- Les pouvoirs publics face aux nouvelles formes de pauvreté.
- Commentez : « Le pauvre n'est pas celui qui n'a pas, mais celui qui ne sait pas.»
- La rue est-elle un ennemi pour la démocratie ?
- Les jeunes, une nouvelle classe dangereuse ?
- L'Europe sociale verra-t-elle le jour ?

Chapitre 3

TRAVAIL, FORMATION ET CONFLITS

Parler du travail, ce n'est pas seulement se poser la question de sa place dans la société, mais c'est aussi essayer de comprendre les mutations qu'il connaît actuellement. En effet, si on peut s'interroger sur la fin du travail comme valeur centrale de notre société, c'est plus son absence, génératrice de chômage, qui fait problème. Car si le travail est, à l'origine, synonyme de labeur et donc, souvent, de souffrance, il est aujourd'hui associé à la notion d'emploi qui correspond au travail rémunéré et qui favorise l'intégration sociale.

Cependant, ce travail s'effectue dans un monde, celui de l'entreprise, qui n'est pas exempt de contradictions. Les relations sociales qui s'instaurent dans les entreprises sont source de conflits. Les syndicats, institutions représentatives des travailleurs, du fait du déclin numérique de la classe ouvrière, sont en crise car le nombre d'adhérents, s'il n'a jamais été très élevé en France, diminue régulièrement, et le conflit de classes n'est plus au cœur du mouvement social.

Qualitativement, le travail change également. L'industrie n'est plus l'activité principale et les emplois créés dans les services demandent un renouvellement des qualifications. La formation devient dès lors une question primordiale, car elle est une clé pour sortir de l'impasse du chômage. Le développement du secteur des services remet en cause les traditions sociales qui faisaient de l'ouvrier ou du paysan la figure centrale du travailleur. Celui-ci s'intègre de plus en plus aux classes moyennes, modifiant ainsi la structure sociale de notre société.

31 LA PLACE DU TRAVAIL DANS LES SOCIÉTÉS OCCIDENTALES

Étymologiquement, le travail évoque une contrainte, puisque ce mot provient du latin « tripalium » désignant un instrument de torture. Les sociétés occidentales qui ont fait du travail une valeur centrale, s'interrogent sur la place future du travail.

UNE VALEUR CENTRALE DES SOCIÉTÉS OCCIDENTALES

Le sens contemporain du terme travail est en rapport avec le temps de non-travail, c'est-à-dire de loisirs. Or, la scission entre travail et loisirs s'est opérée avec la révolution industrielle, l'émergence de la manufacture, la division du travail et le développement du capitalisme.

Le travail est source de revenus

Le travail s'est défini comme l'échange d'un temps mis à disposition d'un employeur afin de produire un bien économique contre un revenu, le salaire. Avec l'extension du salariat, le travail est ainsi devenu la source principale de rémunération, et par la suite, la clé de l'indépendance financière et de l'intégration dans la norme de consommation de masse des sociétés occidentales.

Si, depuis les années 1980, les revenus d'activité (salariée ou non) augmentent moins vite que ceux du patrimoine (placements financiers), ils représentent encore en moyenne près de 60 % du revenu des ménages français.

Le travail socialise et intègre

Dans les sociétés développées, le travail structure le temps, y compris celui du loisir. De plus, l'exercice d'une activité professionnelle est l'occasion de faire l'apprentissage de la vie en collectivité, de nouer des contacts et d'intégrer les normes et les valeurs du groupe de travail. Le travail est donc source de lien social, et d'autant plus, comme le soulignait Durkheim, que sa division accrue rend chacun plus étroitement complémentaire de l'autre. Par ailleurs, le travail est synonyme de statut social; il confère à l'homme sa dignité, une position dans la société, bref, c'est par lui que l'on acquiert une reconnaissance sociale. Cette importance que l'on confère à la « valeur travail » s'est accrue depuis la crise économique des années 1975, notamment dans les catégories les plus vulnérables au chômage, car le travail est devenu une « denrée rare ».

> **Le travail est une nécessité dans les sociétés développées**
>
> **Si on peut définir le travail comme toute activité humaine productrice de biens et de services socialement utiles, il ne faut pas le confondre avec l'emploi qui correspond à une activité professionnelle rémunérée. Le travail permet de maîtriser la nature pour produire des biens qui satisfont des besoins spécifiquement humains.**
>
> **À l'inverse des sociétés « primitives », telles celle des Indiens Yanomamis du sud du Venezuela et du nord du Brésil, les hommes des sociétés « développées » expriment une infinité de besoins qui les obligent à travailler.**

UNE VALEUR REMISE EN QUESTION

Les conceptions traditionnelles du travail comme devoir, idéal, source de revenu... sont en recul depuis le milieu des années 1960.

Le travail est source d'aliénation

Pour Karl Marx, le travail est aliénant, dans la mesure où il s'exerce dans un cadre salarié qui aboutit à déposséder l'homme d'une partie de lui-même, de son savoir et de la maîtrise de son activité. De plus, en créant sans cesse de nouveaux besoins et en s'organisant afin d'obtenir une productivité la plus élevée possible, les sociétés développées ont fait du travail une source d'asservissement. Et l'essor des nouvelles technologies de communication (ordinateurs, téléphones portables, Internet) ne permet pas de libérer l'homme, car ces dernières facilitent la dilution de la frontière entre loisirs et travail, celui-ci accaparant de plus en plus les individus. Avec la « marchandisation » croissante du temps humain par laquelle tout s'achète et se vend, la vie humaine tend à se résumer au seul travail.

La désacralisation du travail

L'importance que revêt le travail pose problème, quand la société en a moins à offrir ou lorsque ce travail devient « occupation du temps ». En effet, les conceptions traditionnelles du travail comme devoir, idéal, source de revenu... sont en recul depuis le milieu des années 1960. Désormais, le travail est perçu de façon moins « instrumentale » : il est davantage recherché comme moyen d'entrer en relation avec les autres et comme moyen d'épanouissement personnel. Par le travail, les acteurs cherchent à se sentir utiles, à exercer des responsabilités, à être reconnus des autres, tout en enrichissant leur personnalité, en faisant acte de création. Les mutations technologiques en cours vont dans ce sens ; elles laissent entrevoir un travail moins pénible, plus riche, accompagné d'une demande accrue de polyvalence et de réflexion de la part du travailleur.

D'un autre côté, l'importance croissante des loisirs accorde au travail une place quantitativement moins importante dans le temps humain et favorise sa désacralisation. La réduction du temps de travail à trente-cinq heures hebdomadaires s'inscrit dans ce mouvement.

Elle peut permettre à des activités obéissant à des logiques différentes, telles les activités culturelles, associatives et bénévoles, de se développer dans une société qui dépasserait ainsi la « culture du travail ».

> **Travail et santé**
>
> **Le nombre d'accidents du travail a nettement diminué depuis la Seconde guerre mondiale. On peut l'expliquer par la part moins importante prise par l'industrie dans l'activité économique, la baisse du temps de travail journalier, et par la prise de conscience que ces accidents ont un coût. Entre 2002 et 2004, ce nombre d'accidents est passé de 759 980 à 692 363. Cependant, le nombre d'accidents graves augmente au cours de cette période et surtout le nombre de maladies professionnelles connaît une très forte progression (+ 230 %), notamment les troubles musculo-squelettiques (77 % des maladies professionnelles en 2003).**
>
> *Source : « Quand le travail fait mal »,* Alternatives économiques, *n° 255, février 2007.*

32 L'INSERTION PROFESSIONNELLE DES JEUNES

Depuis le début des années 1970, la situation des jeunes s'est détériorée sur le marché du travail. Leur insertion professionnelle est moins bonne que celle de leurs aînés, alors qu'ils ont accentué leur effort de formation. Les explications résident dans le fonctionnement plus sélectif du marché du travail.

L'INSERTION PROFESSIONNELLE DES JEUNES S'EST DÉTÉRIORÉE

Depuis les années 1970, l'écart entre le taux de chômage des jeunes et celui de l'ensemble des actifs a augmenté de façon plus ou moins régulière. Il correspond en gros au double de celui de l'ensemble des actifs, touchant près d'un actif de 15 à 24 ans sur quatre de nos jours.

Plus de précarité

L'entrée dans la vie active s'effectuait traditionnellement par l'accès aux postes les moins gratifiants, laissant ensuite la possibilité aux jeunes de progresser dans la hiérarchie professionnelle. Désormais, l'entrée sur le marché du travail signifie un emploi précaire pour près d'un quart des jeunes actifs occupés, sans compter ceux qui doivent se contenter d'un emploi à temps partiel. Le fait d'échapper au chômage pour occuper une forme particulière d'emploi est souvent une première étape de l'insertion. Ensuite, l'accès à un emploi typique (voir fiche 36) marque souvent le début de l'indépendance économique des jeunes.

> **Chômage et formation**
>
> **Comme pour les adultes, le taux de chômage décroît avec le niveau de formation. Mais la protection contre le chômage donnée par les diplômes supérieurs n'est plus aussi efficace qu'au début des années 1990, puisque l'écart entre le taux de chômage des diplômés du supérieur et celui des sans-diplôme a diminué.**

Des salaires d'embauche en baisse

Durant les Trente Glorieuses, les jeunes commençaient leur carrière avec un salaire plus élevé que les générations qui les avaient précédés. Aujourd'hui, même plus diplômés, les jeunes actifs débutent leur carrière avec des salaires en moyenne plus faibles, en particulier ceux qui sont entrés sur le marché du travail dans les années de récession. Les observations menées sur les premières générations concernées par cette évolution montrent qu'elles traînent ce fardeau pendant plusieurs années et que leur rémunération et leur carrière peuvent être durablement affectées par le déclassement.

LES EXPLICATIONS DE CETTE DÉGRADATION

Les difficultés d'insertion professionnelle des jeunes s'entretiennent : plus exposés au chômage, les jeunes sont davantage contraints d'accepter un emploi, même au rabais (ils ne sont souvent pas indemnisés, car ils n'ont pas toujours assez cotisé pour cela). Par ailleurs, alternant emplois précaires ou à temps partiel et périodes de chômage, les jeunes ont des revenus plus faibles que leurs aînés au même âge.

Les jeunes victimes de la flexibilité

Confrontées à une concurrence plus rude, les entreprises cherchent à comprimer leurs coûts de production. Comme elles ne peuvent baisser les salaires des salariés en place, qu'elles doivent au contraire fidéliser pour conserver leur potentiel productif intact, elles font porter le poids de la flexibilité aux derniers embauchés.

Ceux-ci sont donc davantage exposés aux diverses formes de flexibilité de l'emploi, se traduisant par une précarité plus fréquente et des salaires d'embauche plus faibles, d'autant que les employeurs peuvent mettre en concurrence des jeunes plus nombreux pour les postes exigeant un niveau de formation élevé.

Une sélectivité accrue du marché du travail

La relative abondance de main-d'œuvre entraîne une concurrence plus forte entre les salariés potentiels. Ainsi, sauf en période d'expansion, où toutes les catégories de salariés bénéficient d'une amélioration de l'emploi, certaines catégories de salariés subissent plus que d'autres les aléas du marché du travail : les immigrés, les femmes, les handicapés... et les jeunes !

Comme les employeurs ont un large choix lorsqu'ils procèdent à un recrutement, ils calculent un rapport qualité-prix, et compte tenu du coût salarial qu'ils sont prêts à payer, ils peuvent recruter un actif plus ou moins diplômé, plus ou moins expérimenté, etc. Les jeunes diplômés acceptent alors des emplois pour lesquels ils sont surqualifiés.

Ce phénomène participe à la dévalorisation des diplômes car il incite à prolonger les études pour se prémunir contre le chômage et la précarité... Et les diplômes protègent de moins en moins. À ce jeu, les jeunes sont perdants, et en particulier, les jeunes sans qualifications.

Le Contrat première embauche

Ce contrat de travail particulier était destiné, selon l'article 8 de la loi pour l'égalité des chances, aux jeunes de moins de 26 ans. Il prévoyait la possibilité de mettre fin au contrat, sans motif juridique, dans les deux premières années.

Dès l'annonce de sa création par le Premier ministre, Monsieur de Villepin, le 16 janvier 2006, il a été interprété comme une tentative d'introduire davantage de flexibilité dans le Code du travail, à l'instar du Contrat nouvelles embauches dont il s'inspire. Ce texte a suscité une vive opposition parmi un nombre important d'étudiants et de lycéens, suivi par les syndicats de salariés, puis par les partis politiques de gauche, estimant que le contrat aurait facilité les licenciements abusifs et la précarité. S'en sont alors suivies plusieurs semaines de grèves, de manifestations et de blocus des établissements d'enseignement. Finalement le texte a été publié au *Journal officiel* le 2 avril 2006 avec la promesse de Jacques Chirac que des modifications seront effectuées. Un projet de loi du 10 avril 2006 présenté par le Premier ministre a proposé de le retirer et de le remplacer par un dispositif visant à favoriser l'insertion professionnelle des jeunes en difficulté.

33 LE SYSTÈME ÉDUCATIF

Chaque rentrée scolaire donne lieu à une importante production éditoriale analysant les maux de l'école et proposant des remèdes infaillibles pour redresser un système en crise. Le système éducatif français présente un bilan contrasté qui laisse en suspens de nombreuses interrogations.

LES GRANDS PRINCIPES DU SYSTÈME ÉDUCATIF FRANÇAIS

Issu d'une histoire complexe, le système éducatif a été transformé au cours des années tout en maintenant certains principes de base.

La lente construction du système éducatif

Jusqu'à la Révolution française, l'éducation est du domaine de l'Église. S'il n'existe pas d'administration centrale ayant en charge l'instruction, la Couronne impose à l'institution religieuse l'obligation de créer des écoles. À la Révolution, l'école devient un enjeu politique et Napoléon décrète que l'enseignement est une affaire d'État, ayant pour objectif de réconcilier les Français. La loi du 10 mai 1806 crée l'Université qui reçoit le monopole de l'instruction. Tout au long du XIXe siècle, l'Église tente de conserver ses positions dans le système éducatif. En 1833, la loi Guizot institue la liberté d'enseignement et fait de la concurrence entre le public et le privé le moteur du développement de l'éducation. En 1850, la loi Falloux instaure la liberté d'enseignement dans le secondaire et donne plus d'autonomie aux écoles privées. La IIIe République construit les bases de l'école républicaine en la rendant gratuite et obligatoire et en laïcisant le personnel.

STRUCTURE DU SYSTÈME SCOLAIRE EN FRANCE

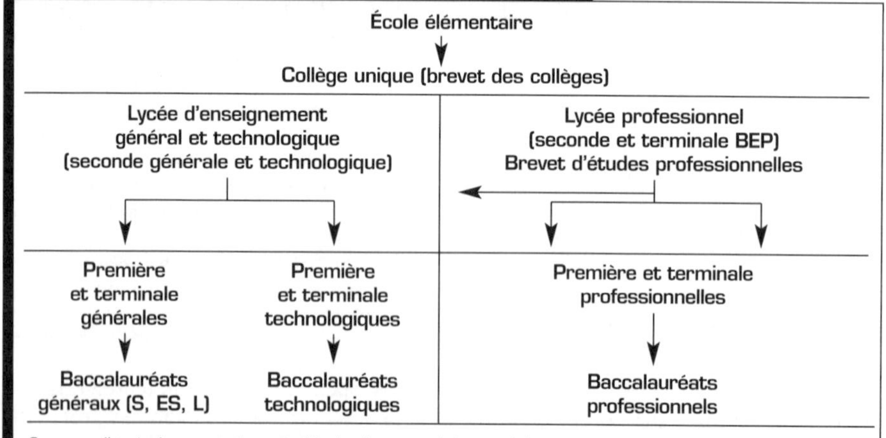

Source : d'après Les mutations de l'école. Le regard des sociologues, *Martine Fournier et Vincent Troger (coordonné par), éditions Sciences humaines, 2005.*

Les caractéristiques du système éducatif

Le premier est la prééminence de l'État dans le fonctionnement de l'école, ce qui se traduit par l'existence d'un service public administré directement par un ministère. Cependant, la liberté d'enseignement autorise l'existence d'établissements privés qui peuvent passer contrat avec l'État, celui-ci assurant le paiement d'enseignants recrutés par le privé. Enfin, les collectivités locales participent au fonctionnement de l'enseignement : communes pour le primaire, départements pour le collège, régions pour le lycée.

LE SYSTÈME ÉDUCATIF, QUEL BILAN ?

Ces dernières années ont été caractérisées par une massification de l'enseignement. L'école maternelle scolarise la moitié des enfants de deux ans. L'école primaire, massifiée depuis longtemps, connaît moins de redoublements. Le collège est, désormais, pour tous. Mais c'est surtout le lycée qui a connu, au cours des années, la massification la plus importante, avec l'objectif de 80 % d'une classe d'âge au niveau bac. Cet objectif s'est accompagné d'une diversification des filières : filières générales, technologiques et professionnelles.

Une école de masse qui n'empêche pas les inégalités

Enfin, l'enseignement supérieur est devenu un enseignement de masse également en se diversifiant. La principale conséquence de cette évolution est l'allongement de la durée des études qui est aujourd'hui de dix-neuf ans contre dix-sept ans il y a quinze ans. La massification du système éducatif a contribué à une certaine réduction des inégalités. Cependant, elles restent importantes, notamment en ce qui concerne le recrutement des filières d'élite conduisant à l'entrée dans les grandes écoles : ainsi les enfants d'ouvriers qui représentent 37 % des jeunes de 20 à 25 ans ne sont que 7 % dans les classes préparatoires aux grandes écoles.

Les nouveaux défis du système éducatif

L'école de masse n'a pas détruit le système éducatif qui a connu, contrairement aux idées reçues, d'importantes avancées depuis vingt ans. Cependant, l'école est placée devant de nouveaux défis qu'elle devra relever les prochaines années. L'arrivée à l'âge de la retraite suppose le recrutement massif d'enseignants durant les deux premières décennies 2000. En outre, il faudra adapter les connaissances pour permettre aux jeunes de s'intégrer à une société qui évolue très rapidement, notamment sous la poussée des nouvelles technologies. Enfin, la montée de l'enseignement technique et professionnel pose la question de la formation en alternance, suscitant de nouveaux rapports entre l'école et l'entreprise.

L'apprentissage junior

La loi du 31 mars 2006 « pour l'égalité des chances » a mis en place l'apprentissage junior. Il s'adresse aux jeunes à partir de 14 ans, dès la rentrée scolaire 2006. Il comprend deux phases : un parcours d'initiation aux métiers, pendant lequel le jeune reste sous statut scolaire, puis la conclusion d'un véritable contrat d'apprentissage. Jusqu'à ses 16 ans, le jeune peut à tout moment, après avis de l'équipe pédagogique et avec l'accord de ses parents (ou d'un représentant légal) mettre fin à sa formation d'apprenti junior et reprendre sa scolarité dans un collège, y compris son collège d'origine, ou dans un établissement d'enseignement agricole ou maritime.

Source : www.cohesion sociale.gouv.fr

34 L'ÉCOLE EN DÉBAT

Jusqu'aux années 1950, l'école de la République, gratuite, obligatoire et laïque dont Jules Ferry fut l'artisan, a permis à tous les petits Français de suivre des études. Depuis les années 1970, le modèle républicain semble remis en cause par un certain nombre d'innovations.

LA FIN DE L'ÉCOLE RÉPUBLICAINE ?

L'idée de la baisse du niveau des élèves semble partagée par le plus grand nombre aujourd'hui, et elle est renforcée par une étude sur l'orthographe des élèves qui montre que les collégiens ont un niveau moins élevé qu'il y a vingt ans.

Cependant, cette impression de baisse de niveau est plus souvent le produit d'appréciations subjectives que le résultat de mesures objectives.

Le niveau baisse

Pour apprécier le niveau des élèves, on se réfère à un école largement mythique, celle qui menait tous les enfants au certificat d'études primaires. Or, seul un quart des élèves obtenait ce diplôme dans les années 1920. De plus, les exigences scolaires ont changé : aujourd'hui, on privilégie davantage la compréhension que la mémorisation, et les savoirs de base (orthographe et calcul) occupent une place moins importante dans l'activité scolaire. Il reste cependant que trop d'élèves (de 15 à 20 %) n'ont pas acquis les bases de ces savoirs.

Le socle commun de connaissances et de compétences

La loi Fillon d'avril 2005 établit « un socle commun de connaissances et de compétences ». Un décret de juillet 2006 définit les principes de ce socle commun : la maîtrise de la langue française, la pratique d'une langue vivante étrangère, les principaux éléments de mathématiques et de culture scientifique et technologique, la maîtrise des techniques usuelles de l'information et de la communication, la culture humaniste, les compétences sociales et civiques, l'autonomie et l'initiative. Ce socle commun qui définit « ce que nul n'est censé ignorer en fin de scolarité obligatoire » s'est appuyé sur les recommandations que lui avait transmises le Haut Conseil de l'éducation.

Le Monde du 31 mars2007.

Une école contre une autre

La question du niveau des élèves oppose d'une manière irréductible le camp des défenseurs de l'école de la République et celui des pédagogues. Les premiers veulent le retour aux principes de l'école de Jules Ferry, celle qui « instruit » et qui sélectionne les meilleurs. Ce courant qualifié de « républicain » s'est organisé dans des associations (« Sauvez les lettres », « Sauvez les maths ») et bénéficie d'une grande visibilité médiatique.

Les seconds qualifiés de « pédagogos » par les premiers, veulent adapter la pédagogie à la réalité de la massification scolaire qu'ils considèrent comme une nécessité pour assurer une plus grande égalité des chances à l'école. Ils ont comme chef de file Philippe Meirieu, ancien conseiller du ministre de l'Éducation nationale Claude Allègre.

ÉCOLE ET ÉGALITÉ DES CHANCES

La crise des années 1970 remet en cause un système scolaire qui ne semble plus jouer son rôle et l'échec scolaire devient de plus en plus inacceptable.

L'école pour tous, une nécessité ?

Les réformes scolaires de la Ve République (collège unique, ouverture du second cycle de l'enseignement) s'inscrivent dans un contexte de modernisation de l'économie française, l'appareil productif nécessitant une main d'œuvre mieux formée.

Les défenseurs de l'école républicaine regrettent cette ouverture pour deux raisons. La première est d'ordre philosophique : l'instruction doit avoir comme objectif « d'élever » l'enfant à la condition humaine ; la seconde découle de la première : l'instruction ne doit pas répondre à des contingences sociales (répondre aux besoins du système économique par exemple). Pourtant en se massifiant, l'école a permis d'accélérer l'ascension sociale d'une partie de la population au cours des années 1950 et 1960.

Les comparaisons internationales

Depuis 2000, l'Organisation de coopération et de développement économiques (OCDE) a mis en place un dispositif d'évaluation destiné à mesurer et comparer les compétences de jeunes de 15 ans, l'enquête Pisa (Programme international de l'OCDE pour le suivi des acquis des élèves). La dernière enquête a été réalisée en 2003 auprès de 250 000 jeunes originaires de 41 pays. La France est classée à la 13e place ce qui la situe légèrement au dessus de la moyenne des pays de l'OCDE. L'enquête révèle, pour la France, des inégalités importantes entre les bons élèves et ceux en difficulté ; elle détient également le record du mal-être à l'école (45 % des élèves se sentent à leur place en classe contre 81 % en moyenne dans les pays de l'OCDE).

Source : « L'école en questions », Sciences humaines, *hors série spécial, n° 5, octobre-novembre 2006.*

L'élève au centre du système éducatif ?

Au début des années 1950, la moitié des garçons et des filles étaient encore scolarisés à 15 ans, c'est aujourd'hui le cas pour 100 % d'entre eux. Cette forte augmentation n'est pas seulement le produit du passage de l'âge de la scolarité obligatoire de 14 à 16 ans en 1959, mais également la conséquence de l'avènement de l'enseignement de masse.

Dès lors, il n'est plus possible de se référer à une école qui sélectionnait une élite. Celle-ci a dû s'adapter à un nouveau public scolaire, notamment en adoptant le principe de « l'élève au centre du système éducatif » énoncé par la loi d'orientation sur l'éducation du 10 juillet 1989, dite loi Jospin. Ce principe implique que le professeur doit adapter son enseignement à ses élèves, en fonction de leurs difficultés mais pas de leurs caractéristiques socioculturelles. Pour les défenseurs de la tradition scolaire, en cherchant à adapter le système aux élèves, l'école aurait réduit ses exigences, notamment en allégeant les programmes scolaires.

35 FORMATION ET QUALIFICATION

La qualification est une construction sociale qui permet de distinguer les salariés en fonction d'un certain nombre de qualités, justifiant ainsi les inégalités de salaires. La qualification met en évidence des différences non seulement entre travailleurs, mais aussi entre les travaux réalisés par ces derniers.

LA QUALIFICATION, UNE CONSTRUCTION SOCIALE

La relation formation-qualification-emploi

L'émergence des qualifications est liée à l'évolution du travail salarié dans les économies industrielles, mais ce n'est qu'en 1936 qu'est établie une véritable hiérarchisation des salariés qui aboutira à la nomenclature des catégories socioprofessionnelles dans les années 1950 (voir la fiche 20). Pour établir une hiérarchie dans le travail, la voie la plus simple semble être le niveau de diplôme, d'autant que celui-ci dépend de l'État et répond donc à une autorité extérieure aux entreprises. Cependant, le niveau de diplôme ne garantit pas un emploi, car les employeurs ne peuvent être soumis à la contrainte du niveau de formation qui leur reste étranger.

Pris en charge par la société, le diplôme est le résultat d'un investissement dont les entreprises ne supportent pas le coût, mais dont elles ne contrôlent pas non plus la validité. Pour cette raison, la définition de la qualification suppose une négociation entre partenaires sociaux (employeurs et représentants des salariés) prenant en compte plusieurs éléments, notamment les techniques de production et le mode d'organisation du travail.

Du niveau V au niveau I

Les diplômes sont homologués par une commission du ministère du Travail en fonction du niveau de qualification des postes auxquels accèdent leurs titulaires. Le niveau V correspond à des postes d'exécution accessibles aux titulaires de CAP ou BEP, le niveau IV conduit à des postes de niveau bac, le niveau III recouvre les fonctions occupées par des bac+2 (BTS ou DUT), le niveau II correspond au niveau licence ou maîtrise et, enfin, le niveau I désigne des qualifications de niveau bac+5 (ingénieur, troisième cycle...). Avec la loi sur la modernisation sociale, présentée au Parlement début 2001, est née la Commission nationale de la certification professionnelle (CNPC) qui établit et actualise le Répertoire national des certifications professionnelles.

La reconnaissance des qualifications

Lorsqu'un travailleur postule pour un emploi, sa candidature est examinée en fonction d'un certain nombre de critères, comme le niveau de diplôme, l'expérience, l'habileté, etc. La qualification apparaît alors plus déterminée par le travail qui doit être effectué que par les qualités du travailleur. Pour cette raison, les responsables de la gestion du personnel des entreprises élaborent des techniques d'évaluation des postes pour justifier le niveau de rémunération. Ces techniques répondent à une revendication des salariés : objectiver le mieux possible les qualités requises pour un travail afin de mieux contrôler le mode de fixation des salaires.

QUALIFICATION ET TECHNIQUE

Les effets du progrès technique

Les sociologues du travail (Pierre Naville, Georges Friedman, Alain Touraine) ont pendant longtemps entretenu l'idée que les mutations techniques constituaient un progrès, car elles induisaient une élévation des qualifications. Mais la montée des conflits sociaux portant sur le mode d'organisation du travail a remis en cause cette affirmation. Le progrès technique est alors analysé d'une manière négative (« les dégâts du progrès »). En effet, la technique n'est pas une variable indépendante, car elle s'inscrit dans une finalité sociale : l'exploitation des travailleurs. Ce point de vue, proche des idées de Karl Marx, conclut à une dévalorisation des qualifications liée au progrès technique. Le travailleur est privé d'un savoir-faire transféré aux machines.

Avec les nouvelles technologies, et plus particulièrement l'automatisation, le débat sur la déqualification ou la requalification rebondit. De nouvelles analyses, s'appuyant sur les travaux d'ergonomes (un ergonome est un spécialiste de l'étude scientifique des conditions de travail et des relations entre l'homme et la machine) et de psychologues, mettent en évidence des savoir-faire tacites faisant appel à des capacités peu perceptibles, donc difficilement évaluables. Ainsi, le travailleur n'est plus en contact direct avec la production, car il passe par l'intermédiaire d'un robot sous la surveillance et la responsabilité humaine. L'activité devient moins concrète et plus intellectuelle.

En outre, l'automatisation de la production suppose une interdépendance entre les postes de travail qui implique des capacités de communication et des aptitudes comportementales qu'Alain Touraine qualifie de « savoirs sociaux ».

> **Du savoir manuel au savoir social**
>
> **Alain Touraine décrit trois étapes du travail ouvrier. Dans un premier temps, ce travail est peu soumis à la machine et la qualification dépend essentiellement de l'habileté de l'ouvrier. La deuxième phase est celle de l'ouvrier spécialisé lié à l'organisation taylorienne du travail. Enfin, la phase actuelle, dominée par l'automatisation, implique un savoir-faire qui n'est pas obligatoirement technique, mais plutôt social dans le sens où il dépend d'aptitudes ayant trait à la personnalité de l'ouvrier.**

De la qualification aux compétences

Il existe un décalage entre l'évolution technique et la définition des postes. Les employeurs peuvent être enclins à demander des niveaux de diplôme plus élevés sans pouvoir définir les qualités requises pour un poste.

Cette évolution est renforcée par les changements, déjà évoqués, dans le contenu du travail, qui font appel à des compétences difficilement mesurables : engagement dans le travail, autonomie de jugement, capacité d'innovation. Mais surtout, ces compétences supposent une mobilisation des ressources des travailleurs qui ne sont pas toujours prêts à fournir cet effort. En fait, la mise en œuvre des compétences dépend du statut de l'emploi, car la multiplicité des statuts (contrats à durée indéterminée, contrats à durée déterminée, intérim) n'encourage pas un engagement dont profitent certains travailleurs, ceux qui ont un emploi stable, et pas d'autres.

36 LES EMPLOIS PRÉCAIRES

Depuis la fin des années 1970, on observe une diversification des contrats de travail accompagnée d'une forte croissance des emplois précaires. Ceux-ci s'opposent aux emplois typiques qui constituaient la norme au cours des Trente Glorieuses.

LES CONTRATS PRÉCAIRES EN FORTE CROISSANCE

Traditionnellement, on distingue quatre types de statuts précaires.

Les formes de ces contrats :

- les CDD (contrats à durée déterminée), conclus pour l'exécution d'une tâche précise et provisoire, pour remplacer un salarié absent, faire face à un accroissement momentané de l'activité d'une entreprise, ou pour un emploi saisonnier ;
- l'intérim, qui possède les mêmes caractéristiques que le CDD et peut être conclu pour les mêmes raisons, s'en distingue néanmoins par le fait que l'embauche et la rémunération du salarié sont effectuées par une entreprise de travail temporaire ;
- les contrats de formation en alternance ;
- les contrats aidés par les pouvoirs publics, tels que les CES (contrats emploi solidarité).

Les particularités de ces contrats

Contrairement au CDI (contrat à durée indéterminée) qui assure la situation la plus stable au salarié, tous ces contrats sont conclus pour une durée déterminée préalablement. Leur

ÉVOLUTION DES TYPES D'EMPLOIS

Total en milliers	2003	2004	2005
Non salariés	**2794**	**2675**	**2719**
Salariés	**21897**	**22109**	**22202**
Intérimaires	*477*	*492*	*548*
Apprentis	*285*	*301*	*335*
Contrats à durée déterminée	1615	1687	1713
Secteur public	*460*	*498*	*523*
Secteur privé	*1155*	*1190*	*1190*
Stagiaires et contrats aidés*	512	455	434
Secteur public	*211*	*166*	*144*
Secteur privé	*301*	*289*	*290*
Contrats à durée indéterminée et autres	19008	19174	19172
Total	**24692**	**24784**	**24921**

*Contrats d'aide à l'emploi (contrats de professionnalisation, contrats d'accompagnement vers l'emploi, contrats d'avenir, emplois jeunes, etc.) et stages de la formation professionnelle classés dans l'emploi au sens des critères du BIT.

Champ : actifs occupés de 15 ans et plus.

Source : INSEE, enquêtes emploi.

usage est réglementé; ils ne peuvent pas être utilisés pour pourvoir durablement un emploi lié à l'activité permanente d'une entreprise, ni même pour remplacer des salariés en grève. Il est également interdit de recourir à un nouveau contrat précaire pour un même poste lorsqu'un précédent contrat de ce type a pris fin. À ces contrats précaires, qui occupent près de 10 % des actifs aujourd'hui, s'ajoute le travail à temps partiel (qui occupe plus d'un tiers des femmes actives et seulement 5 % des hommes) pour former ce qu'on appelle les « emplois atypiques ». Leur croissance est liée au mouvement de la conjoncture : leur nombre augmente au cours d'une reprise économique et baisse en période de récession.

LES ORIGINES ET LES EFFETS DE CETTE CROISSANCE

Le développement des emplois précaires est d'abord lié à la recherche de flexibilité de la part des entreprises.

Stratégies des entreprises et politique de l'État

En période d'incertitude, les entreprises recherchent la flexibilité quantitative et, par conséquent, utilisent les contrats de travail pour ajuster le plus rapidement possible leurs effectifs à leur carnet de commande.

Par ailleurs, la croissance de ces emplois correspond à la politique de l'emploi développée par l'État pour favoriser l'insertion des groupes sociaux les moins employables, notamment les jeunes les moins qualifiés et les chômeurs de longue durée. Elle est aussi directement imputable à l'utilisation par les pouvoirs publics d'un nombre de plus en plus important d'actifs embauchés à titre précaire (vacataires, contractuels...), cette stratégie s'inscrivant dans une politique de rigueur budgétaire amorcée dès le milieu des années 1980.

La flexicurité

Le nouveau système danois de lutte contre le chômage combine une grande facilité de licenciement pour les entreprises (flexibilité) à des indemnités longues et importantes pour les sans-emplois (sécurité). De plus, l'administration accompagne les chômeurs dans leur parcours pour retrouver du travail. Les organisations économiques internationales estiment que cette politique peut entraîner un accroissement des dépenses de l'État, un dépassement du niveau d'endettement fixé par le Pacte de stabilité. Ces risques sont plus importants lorsque la croissance économique est faible, comme maintenant en Europe.

http://rfi.fr/actufr/articles/066/article_36658.asp

Colette Thomas, le 6 juin 2005.

Une arme à double tranchant

La flexibilité constitue un moyen de ralentir la croissance du coût du travail en même temps qu'elle incite les entreprises à embaucher plus rapidement en période de reprise. Cependant, l'insécurité attachée aux emplois précaires a des effets pervers. Elle dissuade bon nombre de titulaires de ces emplois de réaliser des projets stimulant l'investissement et la consommation, d'autant plus qu'elle favorise la constitution d'une épargne de précaution. La mise en ménage est ainsi retardée, l'accès au logement étant rendu plus difficile du fait notamment de prêts bancaires moins accessibles que pour les titulaires d'emplois typiques. Cette flexibilité provoque également des surcoûts de gestion pour les entreprises et se révèle contre-productive par les répercussions du stress qu'induit la précarité sur la santé des travailleurs.

37 LES EFFETS SOCIAUX DU CHÔMAGE

La crise des années 1970 a mis fin aux espoirs entretenus par la théorie keynésienne. Le chômage est redevenu une préoccupation centrale non seulement des pays riches mais également des pays moins développés. Derrière l'aspect quantitatif, le chômage entraîne souvent une perte d'identité sociale.

LA PRÉCARISATION DES CONDITIONS DE VIE

Une nouvelle pauvreté apparaît : elle semble liée au chômage, qui touche surtout les jeunes.

Une population qui s'appauvrit

Pour les individus, mais surtout pour les ménages, le chômage a comme principale conséquence une perte de revenus pour plusieurs raisons : les indemnités sont inférieures à la rémunération habituelle de l'emploi anciennement occupé, le temps de cotisation est souvent trop faible pour que les personnes puissent bénéficier d'indemnités élevées.

En outre, la sortie du chômage ne favorise pas obligatoirement une hausse des revenus, car le chômeur qui reprend un emploi connaît une décote de son salaire par rapport à celui des autres actifs. Cette dépréciation est d'autant plus forte que le temps de chômage est élevé.

La précarité modifie les relations sociales

Un niveau de chômage élevé modifie les relations sociales, car il crée une véritable angoisse pour l'ensemble de la population. Avec plus de 10 % des actifs sans emploi au cours de la première moitié des années 1990, tous les ménages se sont sentis concernés. La principale conséquence est la décrue des conflits sociaux. Toutefois, on n'observe pas ce phénomène dans la fonction publique, caractérisée par la stabilité de l'emploi.

De plus, la mobilité sociale ascendante n'augmente plus. En effet, les fortes discriminations inhérentes au système scolaire ne peuvent être compensées par une carrière professionnelle favorisant l'ascension sociale : il est

Familles et chômage

Le chômage de masse, surtout pour les jeunes, modifie le rapport parents-enfants. Ces derniers, non assurés de leur insertion dans la vie professionnelle, préfèrent habiter plus longtemps chez leurs parents et retardent le moment de vivre en couple. La proportion de jeunes de 20 à 24 ans résidant chez leurs parents ne fait qu'augmenter depuis les années 1980.

Si la solidarité familiale peut sortir renforcée de l'épreuve du chômage, celle-ci peut avoir des conséquences négatives sur les relations conjugales. La perte d'emploi crée une véritable souffrance qui se concrétise par la séparation ou même le suicide. Ce ne sont pas seulement les chômeurs qui sont touchés, mais l'ensemble d'une jeune génération qui ne supporte pas les tensions dues à la précarisation des conditions de vie provoquée par le chômage de masse.

aussi difficile en 1993 qu'en 1977 d'accéder à une position sociale supérieure modifiant ainsi les relations entre les générations.

LA PERTE D'IDENTITÉ SOCIALE

La façon de vivre son chômage dépend de plusieurs variables sociales : l'âge, le sexe et l'appartenance sociale.

Les différentes manières de vivre le chômage

L'âge. Le rapport au travail et le réseau des relations sociales est différent selon l'âge. Les jeunes n'ont pas le même rapport au travail que ceux qui se situent à un moment de leur vie où le travail permet de définir un statut social affirmé et qui ont construit leur vie sociale sur des relations de travail.

Le sexe. On peut avancer l'hypothèse que le rapport au travail est différent pour les hommes et les femmes. Le rôle de ces dernières dans la famille peut leur permettre de vivre différemment la perte de leur emploi.

L'appartenance sociale. Cette variable est définie par plusieurs éléments : le revenu, le niveau culturel et la profession.

La difficile mesure du chômage

Un collectif « Autres chiffres du chômage », créé à l'initiative du Réseau d'alerte sur les inégalités (RAI), rassemble des associations, des chercheurs et des syndicats afin de remettre en cause les données officielles du chômage. Pour ce collectif, plus de la moitié des inscrits à l'ANPE ne sont pas comptabilisés dans les statistiques officielles du chômage, c'est ce qu'il appelle « le chômage invisible ». Parmi ces chômeurs invisibles, on trouve les chômeurs des DOM, ceux qui recherchent un emploi temporaire ou à temps partiel, les personnes non immédiatement disponibles pour occuper un emploi, les dispensés de recherche d'emploi et les demandeurs en « activité réduite ».

Typologie des expériences vécues du chômage

Le chômage total. Dans ce cadre, on retrouve essentiellement les travailleurs manuels, surtout les hommes adultes. Le chômage est vécu comme une humiliation, car il provoque la perte irrémédiable du statut social, créant un sentiment de solitude qui peut devenir facteur de désocialisation.

Le chômage inversé. Il concerne essentiellement une population de femmes jeunes, faiblement qualifiées. Le chômage est considéré comme une période de vacances dont on tire profit : voyages, sports, lectures, etc. Ces chômeurs ne sont pas encore entrés dans le monde du travail. Pour d'autres, plus qualifiés, le chômage est l'occasion de vivre des activités de substitution, artistiques par exemple. Ces chômeurs inversent les valeurs liées au travail et au chômage.

Le chômage différé. Il concerne surtout les cadres ayant un niveau de diplôme élevé et au chômage depuis peu de temps. Ces chômeurs s'investissent dans de nouvelles activités comme la formation, la recherche d'emploi ou des activités de loisirs. L'importance variable de la durée du chômage peut déboucher sur une réinsertion plus ou moins rapide et satisfaisante; le chômage est alors de « conversion ». Dans le cas contraire, il devient un chômage répétitif ou d'exclusion.

38 SALARIÉS DU PUBLIC, SALARIÉS DU PRIVÉ

Les salariés des secteurs public et privé se distinguent par des statuts de l'emploi différents, les premiers bénéficiant de la garantie d'emploi. Mais surtout, face aux grandes questions de société, leur attitude est parfois divergente, traduisant l'intériorisation d'un système de valeurs spécifiques à chaque ensemble.

DES DIVERGENCES DE NATURE ÉCONOMIQUE...

Il existe entre les emplois privés et publics des disparités de salaire et de contexte.

Des disparités de salaires liées aux niveaux de recrutement

En 2004, selon l'INSEE, les agents de l'État auraient perçu un revenu moyen d'environ 30 000 €, contre 27 790 € pour les salariés du secteur privé. Mais les fonctionnaires sont en moyenne également davantage diplômés que ceux du secteur privé : près de 74 % des agents de l'État appartiennent aux catégories socioprofessionnelles des cadres et des professions intermédiaires, contre 37 % environ pour l'ensemble des actifs. La question est donc de savoir si, en dehors de cet effet de structure, en d'autres termes, si à emploi identique, le secteur public paie mieux que le secteur privé.

Depuis une étude menée par l'INSEE en 1990, les résultats demeurent stables, les ouvriers de la fonction publique sont en moyenne mieux payés que ceux du privé, alors que l'ordre est inversé pour les employés administratifs, et l'avantage en salaire du privé croît avec la position hiérarchique pour les professions intermédiaires, et plus encore pour les cadres.

Des conditions d'emploi différentes

À côté de la rémunération, il est possible de distinguer des différences entre les salariés du public et ceux du privé. Le premier est la durée hebdomadaire moyenne du travail. Elle progresse dans les deux cas quand on monte dans la hiérarchie professionnelle, mais demeure plus faible pour les fonctionnaires, à fonction équivalente dans l'organisation productive.

La durée de vie active diffère égalemsent : pour les cadres et les employés administratifs, la cessation d'activité intervient pour les salariés de l'État entre un et deux ans plus tôt que pour ceux du privé. Les plus avantagés sont les professions intermédiaires, où le public bénéficie d'une avance de plus de trois ans, explicable car les professeurs des écoles qui prennent leur

> **La comparaison impossible**
>
> **Il est toujours délicat de comparer les salaires de la fonction publique et ceux du secteur privé ou du secteur public concurrentiel. En effet, la fonction publique regroupe en partie des salariés contribuant aux fonctions régaliennes de l'État (armée, police, justice, diplomatie). Il est évident qu'il n'existe alors pas d'équivalent dans le secteur privé, par exemple pour un officier de police, un magistrat ou un douanier. Il conviendrait alors de comparer des fonctions identiques et de retirer du champ de comparaison les professions caractéristiques du secteur public seulement ou du secteur privé seulement (employé de commerce par exemple).**

retraite à 55 ans y sont majoritaires. La réforme des retraites de la fonction publique de 2003, en alignant la durée des cotisations sur le secteur privé (quarante ans jusqu'en 2008) devrait égaliser cette durée de vie active.

En revanche, la précarité semble être plus importante chez les salariés de l'État et des collectivités locales : près du quart des effectifs des fonctions publiques ont un emploi précaire contre un huitième des salariés du privé. La sécurité de l'emploi de la fonction publique n'est donc une réalité que pour les trois quarts des effectifs.

Public, privé et engagement social

Pour les salariés du public, un « moindre engagement » professionnel, dû à des perspectives de carrière plus prévisibles, leur permettrait de consacrer leur énergie à d'autres activités. Ils sont ainsi plus souvent militants associatifs, davantage impliqués dans l'action politique partisane et sont surreprésentés parmi les élus. Difficile toutefois d'écarter l'idée que faire le choix d'une carrière dans le service public peut aussi traduire le choix personnel de valeurs liés à l'intérêt collectif ! Par ailleurs, le clivage traditionnel public/privé, assimilé à gauche/droite, ne semble plus guère pertinent.

… ET DES POSITIONNEMENTS SOCIAUX SPÉCIFIQUES

Selon Claude Thélot et François de Singly, les salariés du privé, notamment les cadres, sont sensibles aux valeurs de la compétition, alors que les fonctionnaires, en particulier les salariés d'exécution, semblent plus attachés à la stabilité et la sécurité.

Des systèmes de valeurs différents…

On peut expliquer cette différence par les déroulements de carrière respectifs des uns et des autres. Les salariés du privé progressent dans leur carrière en fonction de leur mérite personnel, ce qui est aussi souvent le cas des cadres administratifs du public.

Non seulement la compétition est la norme dans leur univers, mais elle fonde leurs propres espoirs puisqu'ils doivent montrer qu'ils sont meilleurs que les autres pour progresser et prendre leur place. Les fonctionnaires ont un déroulement de carrière prévu, organisé par voie réglementaire, où le mérite individuel pèse peu face à l'ancienneté. Ces modalités les éloignent des valeurs concurrentielles et favoriseraient plutôt un système de valeurs fondé sur la solidarité et la défense collective de leurs intérêts.

… débouchant sur des pratiques sociales différenciées

Ces valeurs différenciées se traduisent par des pratiques sociales visant « la distinction ». Ainsi, les cadres du privé doivent afficher leur réussite, elle-même traduisant leur mérite, et tendent à avantager la consommation de produits de luxe, de signes extérieurs de richesse. Ce souci conduit également les salariés du privé à l'accumulation d'un patrimoine plus important, et à la constitution d'une épargne de précaution, en cas de perte d'emploi.

Les salariés du public, surtout les cadres, et encore plus les enseignants, consomment davantage de biens symboliques (livres, visites de musées ou d'expositions, spectacles par exemple) comme pour afficher leur détention de capital culturel et ainsi affirmer leur statut social en n'utilisant pas les arguments économiques qui leur font défaut par ailleurs.

39 UNE NOUVELLE CLASSE OUVRIÈRE

Au cours des Trente Glorieuses, la question ouvrière occupe une place centrale dans l'histoire sociale de la France. Mais la crise des années 1970 entraîne une forte baisse des effectifs ouvriers. Doit-on alors parler de la fin de la classe ouvrière ?

LA FORMATION DE LA CLASSE OUVRIÈRE

Traditionnellement on regroupe dans la classe ouvrière, au sens de Marx (voir la fiche 20), les ouvriers de la grande industrie.

La diversité des origines

Or, ce prolétariat reste, en nombre, minoritaire jusqu'à la fin du XIXe siècle. Ces ouvriers travaillent dans de grandes entreprises, surtout dans la branche textile, et connaissent des conditions de vie très difficiles dénoncées par quelques philanthropes bourgeois, tels que Louis-René Villermé dont l'enquête est à l'origine du « mythe prolétarien », que Marx entretiendra dans son œuvre. Ce prolétariat est soumis à la machine qui lui impose des cadences infernales pour un salaire très faible. De plus, la concentration dans les centres urbains accentue la misère d'une population déracinée, surtout composée d'hommes, vivant dans des conditions d'hygiène et de santé très précaires, expliquant ainsi la forte mortalité dans les quartiers populaires.

Repères

1791 : la loi Le Chapelier interdit aux ouvriers la grève, le droit d'association et de coalition.

1832 : la première coopérative ouvrière de production, « l'Association des ouvriers bijoutiers en doré », est créée.

1848-1870 : différentes formes d'association apparaissent.

1876 : le premier congrès ouvrier se tient à Paris.

1884 : la loi du 21 mars autorise les syndicats professionnels.

Cependant, tous les ouvriers ne peuvent être assimilés au prolétariat. Un grand nombre d'entre eux restent des ruraux qui peuvent travailler pour un marchand-fabricant, ou plus simplement des artisans, sans oublier les ouvriers agricoles. Ainsi, au XIXe siècle, l'ouvrier type est plus proche de l'artisan ou du compagnon de l'Ancien Régime.

La formation du mouvement ouvrier

Les représentations de la classe ouvrière sont intimement liées au mouvement ouvrier qui commence à se constituer à la fin du siècle dernier. En effet, la création d'organisations syndicales et leur reconnaissance en 1884 permet d'unifier la classe ouvrière. De plus, la France, entre 1900 et 1930, connaît une très forte expansion de son industrie. La rationalisation du travail provoque la fin des qualifications traditionnelles et l'émergence de l'OS (ouvrier spécialisé), qui représentera l'archétype de l'ouvrier après 1945.

Les grèves de 1936 marquent l'irruption de la classe ouvrière dans la vie politique et sociale. Organisée par un syndicalisme de masse et le Parti communiste français, celle-ci est enfin reconnue comme une composante à part entière de la société. La Seconde Guerre mondiale renforce sa position, d'autant plus que le développement industriel s'accélère.

LA FIN DE LA CLASSE OUVRIÈRE ?

La classe ouvrière avait résisté, en se recomposant, à la crise des années 1930. Mais les années 1970, caractérisées par un véritable processus de désindustrialisation, semblent sonner le glas de la classe ouvrière.

Un déclin numérique

En 1975, on recensait en France près de huit millions d'ouvriers, en 2000, un peu plus de sept millions. Ce sont surtout les « bastions ouvriers », comme le charbonnage, la sidérurgie, le textile, qui sont atteints. Au cours des années 1980, les seuls emplois ouvriers créés le sont dans les PME. Le chômage touche particulièrement une population peu qualifiée qui a tendance à perdre son identité sociale (voir la fiche 37).

La recomposition de la classe ouvrière

Les évolutions constatées depuis le milieu des années 1970 signifient-elles que la classe ouvrière est en train de disparaître ? Ou n'est-ce pas plutôt une mutation apparue au cours des années 1930 ? Le prolétariat de la grande entreprise industrielle n'est plus et la fermeture de l'usine Renault de Billancourt en 1992 en est un symbole. Cependant, il faut nuancer ces affirmations. La classe ouvrière a toujours été hétérogène, avec comme seul point commun d'être un salariat d'exécution. S'il y a moins d'ouvriers, il en reste tout de même sept millions selon le dernier recensement. De plus, les employés, devenus le groupe numériquement majoritaire, sont des salariés dont les conditions de travail et de vie sont très proches de celles des ouvriers.

Dès les années 1960, les jeunes ouvriers remettent en cause une culture communautaire trop conformiste et répressive. Ainsi, la crise n'a fait qu'accélérer un mouvement apparu au cours de la période des Trente Glorieuses. En outre, la baisse du chômage devient un révélateur pour une classe ouvrière qui retrouve certaines formes d'action collective.

> **Existe-t-il encore une classe ouvrière ?**
>
> **« Oui et non. Il y a encore des millions d'ouvriers – un quart des actifs –, même s'ils sont devenus quasiment invisibles sur les scènes médiatique, politique et culturelle ; et des traits majeurs de la condition ouvrière se reproduisent : précarité de l'emploi et de l'existence, travail pénible, pression hiérarchique, faibles perspectives de promotion, atteintes à la santé, longévité réduite. Mais les grandes concentrations ouvrières sont devenues plus rares, et le sentiment d'appartenance de classe, notamment celui d'être la classe porteuse de l'avenir, s'est effondré. ».**
>
> *Source : Paul Bouffartigue, propos recueillis par Xavier Molénat, « Une lutte des classes... sans classes »,* Sciences humaines, *France 2005, Hors-série, n° 50, septembre-octobre 2005.*

L'année 2000 a été marquée par des conflits violents (les ouvriers licenciés ont menacé de détruire leur outil de travail), rappelant les origines du mouvement ouvrier au XIXe siècle.

40 LES CLASSES MOYENNES EN PÉRIL ?

Selon Marx, les classes moyennes n'avaient pas leur place dans les sociétés capitalistes entre la bourgeoisie et le prolétariat. Cependant, après les Trente Glorieuses et la transformation des systèmes productifs, la plupart des Français appartiennent aux classes moyennes. Peut-on encore parler d'une « moyennisation » sociale ?

DES CLASSES MOYENNES DIFFICILES À CERNER

Les classes moyennes forment une nébuleuse constituée de catégories intermédiaires « ni pauvres ni riches », « ni bourgeoises ni prolétaires ».

Le brouillard des classes moyennes

À la fin des années 1990, le terme [classes moyennes] a glissé vers le haut en intégrant tous les cadres, même ceux dont les revenus sont les plus élevés. Autant dire qu'avec une conception aussi extensible, tout le monde est « moyen », de la caissière au cadre dirigeant.

En mélangeant des catégories en réalité très différentes, on donne à croire que leurs intérêts sont semblables, et cela se fait bien souvent au bénéfice des plus aisés. Ainsi, si les cadres supérieurs peuvent avoir intérêt aux baisses d'impôts, ceux qui disposent de revenus proches de la moyenne statistique ont plutôt intérêt à voir des services publics mieux assurés...

Source : Alternatives économiques *n° 207, octobre 2002.*

Les contours flous des classes moyennes

À l'origine, leurs membres, essentiellement composés de professions indépendantes et libérales, se distinguaient par la possession d'un patrimoine économique (petit commerce, entreprise individuelle). Avec la montée du salariat, c'est désormais davantage la possession d'un patrimoine culturel (diplôme, compétence) qui les caractérise. Le noyau central des classes moyennes est ainsi composé des « professions intermédiaires », appelées autrefois « cadres moyens », du fait de leur position dans l'organisation de la production : au-dessus des exécutants (employés et ouvriers) et au-dessous des véritables responsables (les cadres supérieurs). Ce noyau regroupe les instituteurs, les infirmiers et d'autres travailleurs sociaux, ainsi que les contremaîtres, les techniciens, agents de maîtrise et d'autres professions administratives des entreprises privées et du secteur public. À ce noyau dur, il faut ajouter la partie de l'encadrement formée des actifs aux revenus moyens et disposant d'un pouvoir de décision minoré, ainsi que la partie la plus qualifiée des employés.

Des aspirations communes et un nouveau style de vie

Ceux qui se réclament appartenir aux classes moyennes aspirent à la promotion sociale et se caractérisent par une « conscience de classes moyennes ». En outre, les classes moyennes sont parfois considérées comme étant à l'origine de certaines transformations sociales, comme la baisse de la fécondité, la transformation des rôles entre les sexes. C'est aussi dans ces classes que l'on observe une plus forte fréquence des divorces et une tendance au rejet des institutions encadrant la vie en couple (État, Église). Enfin, ces classes seraient à l'origine de nouvelles manières de vivre plus décontractées et conviviales, empreintes de sociabilité, via la constitution de réseaux d'amis et de voisins denses. Elles se distinguent aussi par leur investissement plus intense dans la vie associative.

LE MYTHE DE LA MOYENNISATION SOCIALE

L'augmentation des catégories intermédiaires

À partir du milieu des années 1960, on a assisté en France à une forte croissance des membres des professions intermédiaires, des cadres et des employés; corrélativement, le poids des agriculteurs et celui des non-salariés a diminué. Au cours des années 1970, celui des ouvriers leur a emboîté le pas. Dans le même temps, le nombre d'employés de la fonction publique s'est fortement accru. Cette évolution de la structure sociale a contribué à aplanir la division sociale en classes antagonistes. Elle a ainsi révélé l'existence d'un groupe central dont la vocation était d'englober la société tout entière, d'où l'emploi du singulier pour le désigner. En outre, l'accroissement plus rapide des revenus des membres de ce groupe leur a permis d'accéder à la norme de consommation de masse et à la propriété privée, alors même que la généralisation de l'accès à l'éducation a exacerbé leur désir de mobilité sociale.

Une « moyennisation » discutable et éphémère

Il est difficile de justifier l'emploi du singulier pour désigner le groupe en position intermédiaire dans la structure sociale, tant l'hétérogénéité est importante dans les pratiques sociales de ceux qui s'en réclament. De plus, avec la crise, l'éventail des revenus et surtout celui des patrimoines s'est de nouveau élargi. Ce clivage a tendance à faire renaître le dualisme marxiste. En outre, les enfants nés dans les années 1970 ont, aujourd'hui, des perspectives de carrière très éloignées de celles de leurs parents. La panne de l'ascenseur social contribue ainsi à rompre la dynamique de la « moyennisation » sociale.

LES PROFESSIONS INTERMÉDIAIRES DANS LA POPULATION ACTIVE

	1983-1984 en %	1991-1992 en %	2005 en %	2005 en milliers
Instituteurs et assimilés	3,5	3,1	3,0	819
Profession intermédiaire de la santé et du travail social	2,8	3,0	4,0	1 109
Clergé et religieux	0,1	0,1	ns	9
Professions intermédiaires administratives de la fonction publique	1,4	1,6	1,7	468
Professions intermédiaires administratives et commerciales des entreprises	4,2	4,9	6,3	1 716
Techniciens	3,2	3,3	3,8	1 067
Contremaîtres, maîtrise	2,6	2,3	2,0	563
Chômeurs	0,6	0,9	1,2	334
Total	**18,5**	**19,1**	**22,0**	**6 079**

Source : L'État de la France 2004, La Découverte.

41 LE PATRONAT

La transformation du CNPF (Conseil national du patronat français) en MEDEF (Mouvement des entreprises de France) a pour objectif de moderniser l'image du patronat français tout en privilégiant la qualité d'entrepreneur. Cette mutation n'est pas anodine, alors que l'économie mondiale connaît d'importantes mutations.

LE PATRONAT : UN GROUPE SOCIAL ?

En tant que groupe social, le patronat a comme principe unificateur l'opposition à l'État et aux syndicats. Cependant, cette opposition dépend de la nature des relations sociales.

Des modèles sous influence

Le déclin des grandes dynasties bourgeoises et le développement d'une catégorie de « managers » remettent en cause l'image traditionnelle de la bourgeoisie véhiculée par le courant de pensée socialiste. Si on peut distinguer le patronat des petites et moyennes entreprises des dirigeants des grandes entreprises, un autre clivage de nature culturelle peut être mis en avant.

D'un côté, « le patronat patrimonial », plutôt traditionaliste, est animé par la seule volonté de préserver l'entreprise sans prendre de risques. Peu innovant, ce patronat défend une conception paternaliste de son rôle face à une main-d'œuvre sous-payée et accepte volontiers la tutelle d'un État protecteur.

De l'autre côté, le patronat « entrepreneurial » tire sa position non pas de la propriété, mais des compétences mesurées par le degré de développement de l'entreprise.

Forte représentativité, mais faible légitimité

Sur les 2,5 millions d'entrepreneurs français, près de 70 % sont syndiqués. De 80 à 90 % des entrepreneurs italiens, allemands, suédois, espagnols sont membres de leur organisation professionnelle.

Cette représentativité des organisations patronales ne doit pas masquer une certaine perte de légitimité liée à des attentes nouvelles et à l'évolution des marchés.

Si, pour Denis Zervudacki (*Patronats dans le monde*, PUF, 2000), il existe une crise des institutions patronales, « leur salut a un nom, l'entreprise, dont il leur faut, lorsqu'ils ont pris des distances avec elle, se rapprocher. Recoller à l'entreprise et aux entrepreneurs [...] est le défi salvateur que les patronats, dans leur mutation, doivent relever ».

Des formes d'organisation différentes

Les pays anglo-saxons privilégient la négociation décentralisée au niveau des entreprises, alors que l'Allemagne, tout comme la Suède, favorisent des relations étroites entre des organisations dont la légitimité est fondée sur une forte représentativité. Les partenaires sociaux négocient directement au niveau des branches d'activité sans que l'État éprouve la nécessité d'intervenir. Enfin, la France, mais aussi l'Italie et l'Espagne, développent des relations sociales centralisées, avec une forte intervention de l'État.

LES MUTATIONS PATRONALES

Malgré sa grande diversité, le patronat français a su, après la Seconde Guerre mondiale, se fédérer par l'intermédiaire du CNPF (Conseil national du patronat français). Construite d'une manière pyramidale, l'organisation patronale a conquis un rôle essentiel ayant comme finalité la défense et la promotion de l'entreprise.

Son rôle surpasse largement la fonction de groupe de pression comme aux États-Unis et en Grande-Bretagne.

Les facteurs de mutations

Le CNPF, grâce à sa représentativité octroyée par l'État, a su se rendre incontournable dans la négociation sociale. Pariant sur le paritarisme, unique moyen pour limiter l'intervention de l'État dans les relations sociales, le CNPF a fait office de seul représentant qualifié pour négocier avec les syndicats et gérer conjointement, avec ces derniers, les organismes sociaux. Cependant, les mutations économiques et sociales que connaissent les pays industrialisés au cours des années 1980 et 1990 rendent caduc le contexte dans lequel s'était inscrit le CNPF.

La mondialisation modifie la perception d'un patronat qui tente d'échapper au cadre national qu'il juge trop étroit. En outre, le développement d'un environnement plus favorable à l'esprit d'entreprise recentre la négociation sociale au niveau de l'unité de production. Le patron est redevenu entrepreneur.

Du patron à l'entrepreneur

Pour Joseph A. Schumpeter (1883-1950), l'entrepreneur était le principal acteur du développement de l'industrie. D'ailleurs, il pensait que le capitalisme était condamné à disparaître, car les entrepreneurs perdaient leur esprit d'innovation pour devenir de simples gestionnaires. Il semble que la transformation du CNPF en MEDEF réponde aux préoccupations de l'économiste autrichien plus d'un demi-siècle plus tard.

Pour son président de l'époque, le changement de dénomination était l'affirmation du rôle central de l'entreprise dans le changement social. Mais cette évolution est également le produit des transformations que connaît le patronat.

De moins en moins héréditaire, la fonction de dirigeant est le résultat d'un processus de sélection où le capital scolaire joue un rôle primordial.

La nébuleuse patronale

Si le MEDEF (Mouvement des entreprises de France) est la principale organisation patronale, il en existe d'autres qui ont des relations plus ou moins étroites avec le MEDEF. Parmi elles, la CGPME (Confédération générale des petites et moyennes entreprises), fondée en 1944, a rejoint le CNPF en 1945, puis a repris son autonomie en 1948. Il faut également signaler l'AFEP-AGREF (Association française des entreprises privées-Association des grandes entreprises françaises), qui regroupe des grandes entreprises privées et qui joue un rôle de groupe de pression. Sans être de véritables structures de représentation patronale, d'autres associations représentent des « mouvements de pensée », comme le Centre français du patronat chrétien, le CJD (Centre des jeunes dirigeants, entrepreneurs de moins de 45 ans), « femmes chefs d'entreprise », etc. Ces structures sont associées au MEDEF.

42 LE SYNDICALISME

Les syndicats n'ont plus bonne presse. On les accuse de fomenter des grèves sans chercher à négocier, de défendre des intérêts corporatistes... et en fin de compte de ne plus être représentatifs des travailleurs français. De fait, la diversité du paysage syndical français n'a pu empêcher une crise du syndicalisme.

LE SYNDICALISME EN FRANCE

Les syndicats négocient et signent des contrats collectifs (conventions collectives). Ils tentent aussi d'infléchir les décisions prises par les pouvoirs publics (rôle de groupe de pression).

Définitions

Un syndicat de salariés a pour objet la défense des droits et des intérêts professionnels, moraux et matériels, individuels ou collectifs, de ses membres. Cette définition exclut du champ de l'étude les organisations regroupant des travailleurs indépendants, par exemple la FNSEA (Fédération nationale des syndicats d'exploitants agricoles).

De nos jours, les syndicats représentent pour le patronat un interlocuteur structuré dont la légitimité a été progressivement institutionnalisée. Ainsi, les syndicats dits représentatifs doivent obéir à deux conditions : ils ne doivent pas avoir collaboré pendant la Seconde Guerre mondiale et ils doivent avoir obtenu des résultats significatifs lors d'élections professionnelles.

Le débat sur la représentativité syndicale

La représentativité est appréciée au niveau de la branche par le ministère du Travail et au niveau de l'entreprise par le juge d'instance. En aucun cas, ces organisations ne sont habilitées à agir au niveau national au même titre que les organisations syndicales bénéficiant de la présomption irréfragable. Cette situation qui pouvait avoir sa justification dans le contexte historique de l'après-guerre parait aujourd'hui largement obsolète. [...] C'est une des sources de distanciation pour les salariés eux-mêmes. [...] L'influence et la représentativité d'une organisation syndicale peuvent aussi s'apprécier à partir des suffrages qu'elle recueille lors des consultations électorales auxquelles sont appelés les salariés. C'est d'ailleurs cette tendance que privilégie la jurisprudence.

Source : Conseil économique et social, Avis n° 23, décembre 2006.

Les principaux syndicats français

• La CGT (Confédération générale du travail), créée en 1895, se définit comme un « syndicalisme de masse et de classe ». Proche du parti communiste, elle revendique une transformation profonde de la société.

• La CFTC (Confédération française des travailleurs chrétiens), fondée en 1919, est l'héritière de la vision sociale de l'Église. Refusant la confusion entre politique et syndicalisme, elle entend développer la politique contractuelle.

• La CFDT (Confédération française démocratique du travail) est issue de la laïcisation de la CFTC en 1964. Défendant l'autogestion dans les années 1970, son action s'est recentrée depuis sur la défense de la démocratie dans les entreprises.

• FO (Force ouvrière) est née d'une scission de la CGT en 1947. Elle fonde son action sur la défense de ses adhérents et le refus de se mêler aux problèmes de gestion des entreprises.

• La CGC (Confédération française de l'encadrement – Confédération générale des cadres) a été créée en 1944. Elle n'a pas le monopole de la syndicalisation des cadres, mais reste persuadée que « ce qui fait avancer la condition des cadres fait progresser tous les salariés ».

LA CRISE DU SYNDICALISME

Les syndicats ne semblent plus guère faire recette de nos jours. On observe en effet une diminution des votes en faveur des syndicats aux élections des comités d'entreprise, puisque la part des non-syndiqués a presque doublé en trente ans.

L'érosion de l'influence syndicale

De même, une forte réduction du nombre d'adhérents est manifeste : alors que la France n'a jamais été un pays à forte tradition syndicale, le taux de syndicalisation (effectifs syndiqués sur population active salariée) est ainsi passé de 20 % dans l'après-1968 à 8 ou 9 % aujourd'hui, alors même qu'il reste plus élevé dans nombre de pays européens. Enfin, les conflits sont fréquemment pris en charge par des coordinations (regroupements temporaires de personnes partageant un but commun à court terme).

Pourquoi la crise du syndicalisme ?

On peut d'abord avancer le fait que les bastions ouvriers, fiefs du syndicalisme, ont été mis à mal par les mutations du système productif. Ensuite, les organisations syndicales n'ont pas forcément accompli la révolution culturelle nécessaire pour prendre en compte les aspirations nouvelles des travailleurs du baby-boom à partir du milieu des années 1960. Par ailleurs, les femmes, qui rentrent en masse dans la vie active dans les années 1970, n'ont pas de tradition syndicale et visent surtout à légitimer leur activité avant de chercher à améliorer leur rémunération ou leurs conditions de travail.

> **Les représentants du personnel**
>
> La question du renouvellement des représentants élus (délégués du personnel) ou désignés (délégués syndicaux) se pose dans près de la moitié des établissements : 46 % des représentants du personnel déclarent qu'il n'y a pas suffisamment de candidats pour occuper leur fonction. [...] Les délégués syndicaux déclarent plus souvent que leur mandat est une menace pour leur emploi ou un frein à leur carrière [...] Les représentants de la direction dialoguent plus souvent avec les élus, lorsque la négociation porte sur la formation professionnelle, les changements technologiques ou organisationnels, ou les conditions de travail.
>
> *Source : DARES,* Premières synthèses, *n° 05.1, février 2007.*

De plus, les difficultés économiques et la montée du chômage se prêtent mal à la contestation : le chantage à l'emploi et la faible progression du pouvoir d'achat rendent l'adhésion et, plus encore l'action collective, coûteuses pour les salariés, ouvrant ainsi la porte aux comportements de « passager clandestin ».

43 DES CONFLITS SOCIAUX AUX NOUVEAUX MOUVEMENTS SOCIAUX

Les conflits sociaux désignent des affrontements entre des groupes sociaux aux intérêts opposés. Pour certains, les conflits résultent d'un dysfonctionnement social, pour d'autres, ils ont une fonction de régulation. Ils sont porteurs du changement social ou résultats de celui-ci.

LE RÔLE SOCIAL DES CONFLITS

Les conflits sociaux est un instrument essentiel du changement social, mais celui-ci est également source de nouveaux conflits.

Les conflits sociaux produisent du changement social

Si pour Georges Simmel, le conflit social est le révélateur des antagonismes existant dans la société, il permet également de reconstruire l'unité de la société en la modifiant. Karl Marx fait du conflit social, et plus précisément de la lutte des classes, la seule source du changement social dans le *Manifeste du parti communiste*.

Jusqu'aux années 1960 et même 1970 (la révolte des ouvriers spécialisés dans les années 1970 marquait le refus d'un travail qui aliénait les salariés au nom du productivisme), les conflits du travail constituent la principale manifestation du conflit social, confirmant ainsi, en partie, la vision marxiste du changement social.

Le changement social engendre des conflits

Lorsque le changement social menace une partie de la population (remise en cause de son niveau de vie, de ses emplois, de son statut social), la réaction des individus concernés peut conduire à une mobilisation collective, aboutissant à un conflit social. Les interprétations de cette mobilisation sont variées.

Les auteurs de la fin du XIXe siècle insistaient sur les comportements de foule, comme hypnotisée par un leader charismatique. Les auteurs anglo-saxons recourent davantage à une approche utilitariste des mouvements sociaux, en insistant sur les raisons qui conduisent à la mobilisation : de la déception causée par des espoirs non tenus (« la frustration relative » de Samuel Stouffer) aux mouvements sociaux, fonctionnant comme des entreprises, en combinant des ressources de façon à optimiser les résultats du conflit.

Conflit social et lutte pour la reconnaissance

Le philosophe Axel Honneth considère que les émeutes qu'ont connues les banlieues en 2005 « prennent appui sur de profondes déceptions concernant le type de reconnaissance sociale que la société donne à ces populations [les jeunes des banlieues] ». Ainsi, même si, formellement, les « populations des citées » ont les mêmes droits que les autres membres de la société française, elles ne sont pas en condition d'en faire usage.

Source : Sciences humaines, *n° 172, juin 2006.*

DES ANCIENS AUX NOUVEAUX MOUVEMENTS SOCIAUX

Les ruptures avec les « anciens » mouvements sociaux

Longtemps, le mouvement ouvrier a constitué un type idéal de mouvement social. Mais le mythe d'une classe ouvrière libératrice s'effondre avec la crise des années 1970. Dans le même temps, de nouvelles formes d'action collective apparaissent et se développent : les nouveaux mouvements sociaux (NMS). Dans une société post-industrielle, les NMS expriment de nouvelles formes de mobilisation collective impliquant quatre ruptures majeures avec les anciens mouvements sociaux :

- l'abandon des formes organisationnelles traditionnelles, comme les syndicats qui centralisaient le mouvement social;
- les revendications émises par ces NMS ne peuvent être négociées, car elles sont l'expression d'une véritable identité sociale (par exemple, il n'est pas question de négocier sur la fermeture d'une centrale nucléaire ou sur le droit à l'avortement);
- un nouveau rapport avec la politique car il ne s'agit plus de conquérir le pouvoir mais de réaffirmer l'autonomie des individus par rapport à un État dont on remet en question l'emprise sur la vie sociale ou son impuissance;
- enfin, les NMS rassemblent des acteurs sur des questions précises et non plus sur des problèmes généraux.

Les interprétations théoriques des NMS

Pour Ronald Ingelhart, la société actuelle serait post-matérialiste car la satisfaction des besoins matériels est pratiquement assurée. Dès lors, les NMS seraient l'expression de nouvelles valeurs qualitatives défendues par une population plus instruite et plus critique.

Pour Ralph Darhendorf, le changement de société implique un nouveau type de domination fondé sur l'autorité. Les NMS ont pour objectif de lutter contre l'impossibilité de se faire entendre et non pour renverser pour transformer les rapports de propriété.

Alain Touraine pense que le changement résulte du combat que mènent les mouvements sociaux pour imposer leur vision de la société (l'historicité). Si dans la société post-industrielle, les luttes n'ont pas disparu, elles ont changé d'objet. Elles visent à agir sur le pouvoir politique afin de transformer la société (mettre fin à la domination masculine par exemple pour le mouvement féministe).

Les nouveaux mouvements sociaux en question

L'expression « nouveaux mouvements sociaux » n'est-elle pas abusive ? N'affirme-t-on pas trop rapidement qu'ils sont représentatifs d'une nouvelle structure sociale dominée par une vaste classe moyenne peu sensible à « l'ancien conflit de classes » ? Les réponses à ces interrogations ne sont pas évidente car le mouvement ouvrier, tout au long de son histoire, a renouvelé ses modalités d'action.

Certains NMS ont adopté des structures plus institutionnalisées comme la création de partis écologistes qui sont entrés dans le jeu politique traditionnel, allant même jusqu'à revendiquer une partie du pouvoir. De plus, ces NMS peuvent être récupérés à des fins marchandes, mettant en cause leur légitimité. Par exemple, les aspirations écologistes donnent lieu, aujourd'hui, à la création d'un véritable marché de produits labellisés « écologiques ». Ce détournement de l'action collective risque, à terme, de nuire à la crédibilité de ces NMS.

REPÈRES BIBLIOGRAPHIQUES

■ Fiche 31 « La place du travail dans les sociétés occidentales »

- *Jérémy Rifkin*, La Fin du travail, *La Découverte, 1996.*
- *Christian Baudelot et Michel Gollac*, Travailler pour être heureux, *Fayard, 2003.*

■ Fiche 32 « L'insertion professionnelle des jeunes »

- *Christian Baudelot, Roger Establet*, Avoir 30 ans en 1968 et en 1998, *coll. « L'épreuve des faits », Le Seuil, 2000.*

■ Fiches 33, 34 et 35 sur l'école et la formation

- Le Monde de l'éducation, *n° 283, juillet-août 2000.*
- *Philippe Joutard et Claude Thélot*, Réussir l'école, *Le Seuil, 1999.*
- *Marcelle Stroobants*, Sociologie du travail, *Nathan, 1993.*

■ Fiche 36 « Les emplois précaires »

- *Dominique Gambier, Michel Vernières*, L'Emploi en France, *La Découverte, 1998.*
- *« L'emploi »*, Alternatives économiques, *hors-série n° 39, 1999.*

■ Fiche 37 « Les effets sociaux du chômage »

- *Commissariat général au plan*, Chômage : le cas français, *La Documentation française, 1997.*
- *Dominique Schnapper*, L'Épreuve du chômage, *Gallimard, Paris, 1994.*

■ Fiche 38 « Salariés du public, salariés du privé »

- *François de Singly et Claude Thélot*, Gens du privé, gens du public, la grande différence, *Dunod, 1989.*

■ Fiche 39 « Une nouvelle classe ouvrière »

- *Gérard Noiriel*, Les Ouvriers dans la société française, *Le Seuil, 1986.*
- *« La classe ouvrière bouge encore ! », Dominique Sicot*, Alternatives économiques, *hors-série n° 29, 3e trimestre 1996.*

■ Fiche 40 « Les classes moyennes »

- *Serge Bosc*, Stratification et Transformations sociales, *coll. « Circa » Nathan, 1993.*

■ Fiche 41 « Le patronat »

- *Denis Zervudacki*, Patronats dans le monde, *PUF, 1999.*
- *Henri Weber*, Le Parti des patrons, *Le Seuil, 1991.*

■ Fiches 42 et 43 sur le syndicalisme et les conflits sociaux

- *René Mouriaux*, Le Syndicalisme en France depuis 1945, *coll. « Repères », La Découverte, 1994.*
- *Guy Groux*, Vers un renouveau du conflit social ?, *Bayard, 1998.*
- *Erik Neveu*, Sociologie des mouvements sociaux, *La Découverte, 2000.*
- *Isabelle Sommier*, Le Renouveau des mouvements contestataires, *coll. « Champs, Flammarion », 2003.*
- *Dominique Andolfatto et Dominique Labbé*, Sociologie des syndicats, *coll. « Repères », La Découverte, 2000.*

Des sujets de dissertation

- Le travail dans le système des valeurs contemporaines.
- Le travail est-il une obligation ou une valeur dans le monde actuel ?
- L'évolution de l'enseignement en France : enseignement de masse ou promotion d'élite ?
- Les conflits du travail peuvent-ils encore transformer la société ?
- Comment peut-on caractériser les nouveaux mouvements sociaux ?
- Faut-il limiter la rémunération des patrons ?
- La crise du syndicalisme.
- Le chômage des jeunes.
- Qu'est-ce que la classe moyenne en France au début du XXIe siècle ?

Chapitre 4

POUVOIR ET POLITIQUE

La crise du politique en France apparaît plus comme un discours savamment propagé par les médias qu'une réalité. En effet, toutes les études montrent que les Français restent intéressés par les enjeux politiques. Cependant, cette prétendue crise recouvre de réelles inquiétudes quant à l'avenir de notre démocratie. Et tout d'abord, l'État a-t-il encore un rôle à jouer dans un contexte où les activités économiques se mondialisent et où il existe un désir de démocratie plus proche des citoyens et qui peut s'exprimer sur le plan local (dans les communes et les régions) ? La question du politique concerne également le personnel politique. La succession des affaires, l'impression que les hommes politiques pensent plus à leur intérêt personnel qu'à l'intérêt général, la place de plus en plus grande que prend la justice dans la vie politique bouleversent les règles du jeu démocratique.

Alors que le clivage traditionnel droite-gauche apparaît plus flou depuis la victoire de la gauche en 1981, le comportement des électeurs devient de plus en plus imprévisible, même si les choix électoraux demeurent soumis à des déterminants sociaux. Cependant, la vie politique connaît des mutations et des questions qui sont, depuis de longues années, en débat. La campagne présidentielle de 2007 a posé la question de la réforme des institutions de la Ve République d'une manière de plus en plus insistante notamment en ce qui concerne les mandats (remise en cause du cumul et du nombre de mandats) et la question du vote des immigrés reste sans réponse définitive.

La politique, dans une démocratie, reste une question de choix sur le type de société dans laquelle nous souhaitons vivre.

44 LES PARTIS POLITIQUES

Les partis politiques sont, aujourd'hui, au cœur de la réflexion sur le politique. Les interrogations sont multiples, notamment sur l'utilité de ces partis. Mais ces questions semblent confondre réalité de la situation des partis, en France plus particulièrement, et idéal.

COMMENT ANALYSER LES PARTIS POLITIQUES ?

Longtemps tenus pour illégitimes parce que facteurs de division, les partis politiques sont aujourd'hui le plus souvent seulement soumis à des études critiques, car on les juge désormais indispensables au bon fonctionnement de la démocratie.

L'étude du contexte social

L'analyse de Maurice Duverger à laquelle nous nous référons a pour principal inconvénient de rester dans un cadre purement politique. Or Georges Lavau, dans un ouvrage daté de 1953 (*Partis politiques et réalités sociales,* Armand Colin) montre qu'il faut replacer les partis dans leur contexte social. Ainsi, on peut mettre en évidence des différences fondamentales entre un parti communiste dans une société de type agricole et un parti communiste dans une société de type industriel.

L'analyse organisationnelle

Dans une étude considérée comme un classique, Maurice Duverger (*Les Partis politiques,* 1951) oppose les partis de cadres et les partis de masse. Les premiers sont plutôt situés à droite de l'échiquier politique et cherchent à rassembler des notables. Leur fonctionnement est décentralisé et leurs dirigeants restent sous le contrôle des élus. Quant aux partis de masse, comme les partis socialistes européens, ils cherchent à fédérer des militants. Les élus sont sous le contrôle étroit des dirigeants, dont la politique est la profession. Très marqués idéologiquement, ces partis se dotent d'un programme politique qui a pour vocation de grossir le rang des militants. Les élus de ces partis ont peu d'autonomie, car ils restent soumis aux choix de la direction de leur parti. Comme toute classification, celle de Duverger a des limites car elle ne réussit pas à inclure tous les partis, mais elle reste un modèle simple d'étude des partis politiques.

L'ancrage social des partis politiques

On peut également définir les partis par rapport aux grands débats qui traversent la société. On peut ainsi distinguer quatre grandes oppositions permettant de classer les partis : État/Église, centre/périphérie, urbain/rural, possédants/travailleurs. À partir de ces clivages, on peut distinguer des partis bourgeois et ouvriers, des partis centralistes et régionalistes, des partis démocrates-chrétiens et anticléricaux, des partis agrariens. De plus, l'étude des électorats et des adhérents permet de mettre en relation ces clivages avec la composition sociale des partis. Dans les partis de gauche, les salariés, et plus particulièrement ceux du secteur public, sont surreprésentés. Les catholiques pratiquants sont plus nombreux dans les partis de la droite traditionnelle.

LA FIN DES PARTIS POLITIQUES ?

La mort des partis politiques peut prendre des formes très différentes : changement de sigle, dissolution pure et simple, fusion, scission...

Pourquoi les partis politiques meurent-ils ?

La réponse est difficile, car un parti peut se perpétuer en conservant ou en modifiant son nom. Outre la création de l'UMP (Union pour un mouvement populaire en 2002), c'est le cas du Parti socialiste qui trouve son origine dans la SFIO, créée en 1905, et qui devient Parti socialiste en 1969.

Pourtant peut-on dire que le parti dirigé par Jean Jaurès au début du siècle est le même que celui repris par François Mitterrand au début des années 1970, et celui-ci est-il le même que celui que représenta Ségolène Royal en 2007 ? Autre exemple, le Mouvement démocratique ou MoDem, crée en 2007 par François Bayrou, par démembrement de l'ancienne UDF, dans l'élan de son score au premier tour de l'élection présidentielle de 2007. En fait, même s'il ne change pas de sigle, un parti ne cesse de se transformer.

Les adhésions à 20 euros du Parti socialiste

Le Parti socialiste, soucieux de renouveler ses adhérents en vue de l'élection présidentielle de 2007 s'est lancé au cours de l'année 2006 dans une campagne d'adhésions à « prix coûtant » ; en tout cas avec un coût plus faible que l'adhésion standard calculée sur la base des revenus de l'adhérent. Il semble que cette stratégie ait permis l'entrée d'adhérents plus jeunes, plus diplômés et où les femmes sont plus nombreuses. Dans beaucoup de sections, le nombre d'adhérents a ainsi presque doublé, l'afflux ayant généré des difficultés matérielles pour approvisionner ces adhérents en publications, les convoquer aux assemblées générales, et tout simplement les accueillir en section. La désignation de Ségolène Royal comme candidate du PS leur est en large partie imputable. L'issue de l'élection présidentielle risque donc de peser lourd pour transformer ces nouveaux adhérents en nouveaux militants...

La crise des partis politiques

La crise de la représentation politique qui marquerait la fin des partis politiques doit certainement être relativisée après l'élection présidentielle et les législatives de 2007.

Le peuple voulait un autre langage que la langue de bois. L'élection présidentielle était porteuse d'enjeux, d'où une participation record au vote et une adhésion massive aux trois formations que sont le Parti socialiste (voir encadré), l'UMP et le MoDem. La vitalité retrouvée du militantisme a cependant souffert de la forte abstention aux législatives qui sont apparues sans enjeu.

Il est vrai que les années 1990 à 2006 ont été marquées par une crise du militantisme qui caractérisait l'évolution des valeurs de la société et marquait la fin de l'adhésion aux grandes idéologies qui donnaient, clés en main, les solutions pour construire une société meilleure. Le militantisme est aujourd'hui plus diversifié et plus sélectif. Les relations entre les individus et les partis censés les représenter n'ont cessé d'évoluer. La crise des partis politiques n'était, sans doute, que le signe d'une profonde mutation des relations entre le peuple et la politique.

45 LES DÉTERMINANTS SOCIOLOGIQUES DU VOTE

Depuis l'arrivée de la gauche au pouvoir en 1981, les élections présidentielles et législatives connaissent une instabilité électorale. Trois cohabitations depuis 1986 montrent que le comportement des électeurs est irrationnel. Cependant, le vote est structuré par des facteurs qui se complètent et se contredisent.

LE COMPORTEMENT ÉLECTORAL DÉTERMINÉ SOCIALEMENT ?

Les grandes variables sociales du vote

Les enquêtes portant sur les comportements électoraux ont mis en évidence un certain nombre de variables sociologiques : la religion, la classe sociale, l'âge et le sexe. Mais il est relativement difficile d'isoler une variable, car certaines se croisent. Ainsi, les ouvriers, qui ont plutôt tendance à voter à gauche, ont comme caractéristiques un faible degré d'intégration religieuse et un patrimoine inexistant, critères importants du vote de droite. Pour la droite, il semble que le vote soit dicté par l'adhésion à un certain nombre de valeurs qui sont la famille, la tradition et le respect de la propriété. Mais ces principes peuvent être bouleversés.

Ainsi, dans l'électorat ouvrier, le basculement du vote vers l'extrême droite et le Front national a été observé, notamment entre 1995 et 2002 aux présidentielles. Cependant, les études électorales montrent que ce sont plus les valeurs du « libéralisme culturel » qui expliquent les changements de comportement. Les classes moyennes salariées, urbaines, diplômées et peu sensibles au religieux défendent des valeurs fondées sur la permissivité et l'hédonisme. Si l'âge joue un rôle dans la manière de voter, il faut également prendre en compte un effet génération. Les jeunes sont plus enclins à voter pour la gauche, mais ce sont également eux qui vont précipiter sa défaite en 1995 ainsi qu'en 2002 (par leur abstention).

Le vote des femmes

Jusqu'à la fin des années 1960, on pouvait parler de comportement électoral plus spécifiquement féminin. Les femmes s'abstenaient plus que les hommes, et elles assuraient la victoire de la droite. Depuis les années 1970, elles votent autant que les hommes. Le principal facteur de cette évolution est la montée de l'activité des femmes. En 2007, les femmes ont moins voté pour Ségolène Royal que les hommes.

Le vote, résultat d'un choix rationnel

La mise en évidence de variables sociologiques ne doit pas conduire à penser que le comportement électoral est le résultat d'un déterminisme social. La volatilité plus importante des électeurs depuis les années 1980, à l'origine des changements fréquents de majorité, ont poussé certains analystes des comportements électoraux à définir les contours d'un « nouvel électeur » que l'on peut assimiler à un consommateur éclairé qui fait son choix en fonction des enjeux du moment. Celui-ci est jeune, peu politisé et d'un niveau culturel élevé. D'autres enquêtes montrent que la volatilité électorale s'explique plus par un affaiblissement du clivage gauche/droite, qui aurait provoqué la perte de repères d'électeurs peu insérés dans la société.

LE RÔLE DE L'OFFRE POLITIQUE

Les contraintes de l'offre politique

Les comportements électoraux peuvent être différents suivant la nature des élections. On peut distinguer deux grands types d'élections : les élections nationales (présidentielle, législatives) et les élections locales. Pour les premières, la mobilisation est souvent forte et le choix des électeurs est un choix politique pour lequel les déterminants sociaux jouent un rôle important. Mais l'équation personnelle des candidats peut également jouer, comme ce fut sans doute le cas pour la présidentielle de 2007.

À l'inverse, pour les élections municipales, les choix sont déterminés par la personnalité et les qualités supposées des candidats. Nous retrouvons ici l'importance des notables qui sont jugés sur leurs capacités à être de bons gestionnaires. Dans ce type d'élections, les réseaux tissés par les candidats sont aussi importants que leur couleur politique.

Les élections cantonales, régionales et européennes donnent lieu à une abstention plus forte du fait de la méconnaissance du rôle de ces institutions par les électeurs ou à un vote protestataire contre le gouvernement en place, car les enjeux sont considérés comme étant moins importants.

Le rôle des campagnes électorales

Les analyses classiques estiment que les campagnes électorales ne semblent pas jouer un rôle essentiel dans le choix des électeurs. Si la télévision est devenue le principal support de ces campagnes, elle renforce des décisions prises auparavant. Tout se passe comme si ces électeurs cherchaient à la télévision la confirmation du bien-fondé de leur comportement électoral.

Cependant, les campagnes électorales peuvent avoir des effets qu'il ne faut pas négliger. En 2006-2007, pendant la longue campagne de l'élection présidentielle, 90 % des personnes interrogées lors d'une enquête avaient discuté de cette élection avec d'autres personnes. Et le faible écart séparant les candidats montre l'importance de transferts de voix, même de faible ampleur.

SOCIOLOGIE DE L'ÉLECTORAT

Caractéristiques des électeurs au deuxième tour de l'élection présidentielle du 6 mai 2007 (en % des candidats pour un total de 100 %)

	N. Sarkozy	S. Royal
Ensemble	53	47
Statut de l'interviewé		
Salariés du privé	53	47
Salariés du public	43	57
Travailleurs indépendants	77	23
Chômeurs	25	75
Étudiants	42	58
Retraités	65	35
Dernier diplôme obtenu		
Pas de diplôme	51	49
BEP/CAP/Certificat d'études primaires	54	46
Baccalauréat	53	47
Enseignement supérieur	52	48
Niveau de revenu du foyer		
Modeste	44	56
Moyen inférieur	53	47
Moyen supérieur	52	48
Élevé	57	43

Source : Enquête IPSOS/Dell pour France 2, Europe 1, 20 Minutes, Le Point *(6 mai 2007).*

46 LE NATIONALISME

L'éclatement de la Yougoslavie fait renaître, en Europe, le spectre du nationalisme, source de conflits car comme l'écrivait Romain Gary : « Le patriotisme, c'est aimer les siens, le nationalisme, c'est détester les autres. » L'Europe de l'Ouest n'est pas épargnée par ce phénomène.

LE NATIONALISME, UNE IDÉE MODERNE

L'idée de nation est une construction intellectuelle issue des révolutions américaine et française. Mais d'emblée la nation est présentée comme une donnée naturelle occultant ainsi sa modernité.

L'idée de nation à l'origine du nationalisme

À l'origine, on assimilait la nation à un ensemble d'habitants d'une région et même aux étrangers. Dans son sens moderne, et c'est lui qui sera à l'origine du nationalisme, la nation est un concept politique qui assimile la nation à l'État, d'où l'expression d'État-nation. La Révolution française présente la nation comme l'ensemble des citoyens, constituant un peuple souverain, vivant dans la République « une et indivisible ».

> **La nation selon Renan**
>
> Prononcée en 1882, la conférence d'Ernest Renan « Qu'est-ce qu'une nation ? » est un texte fondateur de la définition romantique de la nation. « Dans le passé un héritage de gloire à partager, dans l'avenir un même programme à réaliser ; avoir souffert, joui, espéré ensemble, voilà ce qui vaut mieux que des douanes communes et des frontières conformes aux idées stratégiques ; voilà ce que l'on comprend malgré les diversités de race et de langue. »

L'assimilation État-nation-peuple est à l'origine d'un certain nombre de confusions sur lesquelles se construira le nationalisme. En effet, on peut considérer la nation comme le résultat d'une libre adhésion de ses membres, quelle que soit leur origine, à une entité politique ou comme la préexistence d'une communauté naturelle et non discutable.

De la nation au nationalisme

Tout au long du XIXe siècle, la question nationale exprime un nationalisme populaire encouragé par la bourgeoisie libérale. La libération nationale est un moyen, pour les peuples, non seulement de se libérer du joug colonial mais aussi de créer des États dont les économies pouvaient se développer. Par exemple, les économistes libéraux insistent sur la nécessité de la nation constituée sur des territoires suffisamment vastes pour profiter de richesses naturelles diversifiées et habitée par une population suffisamment importante pour fournir la main-d'œuvre nécessaire au développement de l'industrie.

Après 1870, le nationalisme évolue sur trois points essentiels. Tout d'abord, le principe de seuil est abandonné : tout groupe de gens, quelle que soit son importance, peut se revendiquer d'une nation. Ensuite, l'ethnie et la langue deviennent les critères centraux pour définir une nation potentielle. Enfin, sur l'échiquier politique, la droite conservatrice s'empare du thème de la nation.

UN OU DES NATIONALISMES ?

Le nationalisme naît en Europe occidentale sous le couvert du principe des nationalités. Il favorise l'émergence des États-nations qui se constituent tout au long du XIXe siècle, notamment l'Italie et l'Allemagne.

Le nationalisme en Europe occidentale

Dans la première moitié du XXe siècle, le nationalisme est une réponse au communisme, car il exalte d'autres vertus collectivistes sur lesquelles se fondent les régimes autoritaires, allemand, italien, espagnol, portugais. Après la Seconde Guerre mondiale, le nationalisme ne disparaît pas, mais prend de nouvelles formes qualifiées de micro-nationalismes, car leur inspiration est le plus souvent régionale (Bretagne, Corse, Écosse, Flandres, Catalogne, Pays basque, etc.).

La multitude des mouvements nationalistes exprime à la fois l'inquiétude de groupes humains de voir leur identité sociale absorbée par les États et le manque de réponses des États-nations face à la montée de l'exclusion sociale. La Ligue du Nord en Italie mais aussi les très récents succès électoraux du Front national en France attisent les réactions xénophobes et le repli ethnique.

Le retour du nationalisme ?

En introduction de l'ouvrage collectif *Les Lieux de mémoire* (Gallimard, 1987), Pierre Nora parlait des symboles de la nation comme d'entités en voie d'effacement. Pourtant, et en dehors des partis d'extrême droite, on a vu lors de la campagne présidentielle de 2007 ces symboles revenir en force. Ainsi, le thème de « l'identité nationale » ramené au centre des débats un mois avant le premier tour, ou celui du drapeau tricolore, présenté comme bien commun que toute famille doit pouvoir détenir.

Le nationalisme en Europe centrale et orientale

Le nationalisme en Europe centrale et orientale surprend et inquiète les pays occidentaux, car il est pensé comme l'une des causes des deux guerres mondiales. Cependant, il apparaît que ces nationalismes sont la résurgence de questions nationales jamais résolues. En effet, leurs racines se trouvent dans un double héritage historique : les Empires (ottoman, austro-hongrois et russe) qui ont implosé après 1918 et la dictature des régimes communistes. Tour à tour, ils ont empêché la formation d'États-nations modernes.

On peut également souligner la responsabilité de l'Europe occidentale, qui préféra favoriser la répression des mouvements nationaux au nom de l'équilibre européen et de la paix. La chute des régimes communistes a ravivé un sentiment national qui avait été entretenu, à d'autres fins, par ces pouvoirs totalitaires. La violence de ce nationalisme est liée à la volonté d'exprimer une identité réelle, mais niée par l'ensemble de la communauté internationale. Il serait vain d'analyser en quelques lignes la complexité du sentiment national en Europe orientale. Cependant, il serait dangereux de ne pas prendre en compte les aspirations de peuples qui, en même temps, revendiquent un État représentatif de leur identité et leur intégration dans une Europe unie, car celle-ci peut être la seule garantie pour ces peuples que les principes des droits de l'homme et de la démocratie soient respectés.

47 LA CRISE DU POLITIQUE

Le paysage politique français a beaucoup changé depuis le début des années 1970. La montée de l'abstention, une relative désaffection vis-à-vis des partis politiques ont pu faire parler de « crise du politique ». Le retour constaté à l'élection présidentielle de 2007 n'aura-t-il été qu'un feu de paille ?

L'INTÉRÊT POUR LA POLITIQUE

Depuis plusieurs décennies, les enquêtes des politologues montraient qu'un pourcentage stable d'environ la moitié des Français se déclare intéressés par la politique. Or, en 2007, 90 % se déclaraient intéressés par l'élection présidentielle.

Un regain d'intérêt

L'intérêt pour le débat politique, longtemps déliquescent a connu depuis quelques années un regain notable, comme en attestent les nombreux débats autour du Traité constitutionnel européen (TCE) ou la campagne présidentielle de 2007, et surtout le taux de participation record à cette dernière (84 % des électeurs inscrits). En général, on peut constater une mobilisation décroissante de l'élection présidentielle aux élections européennes en passant par les municipales, les législatives, les régionales et les cantonales.

Abstention et crise de la représentation

La forte abstention qu'ont connue les élections européennes en 1999, le référendum sur le quinquennat en octobre 2000 mais aussi l'élection présidentielle et les élections législatives de 2002 apparaissaient comme la manifestation d'une véritable remise en cause du système représentatif. Le large rejet du TCE en mai 2005, alors que l'ensemble des partis de gouvernement l'avaient appuyé, allait également dans ce sens. Il semblait que les électeurs voulaient montrer leur désenchantement vis-à-vis des partis et du personnel politique. Ce désenchantement apparaissait lié aux affaires qui

Les abstentionnistes

65 % des Français de 18 ans et plus disent ne s'être jamais ou pratiquement jamais abstenus depuis qu'ils sont en âge de voter. Seuls 7 % déclarent s'être souvent abstenus, 10 % quelquefois et 12 % rarement, soit au total 29 %. À noter que 5 % affirment ne pas être inscrits sur les listes électorales.

Le vote conforte donc son rôle d'acte citoyen majeur, même si l'âge se présente comme un critère discriminant. Les personnes de 60 ans et plus votent plus systématiquement que leurs cadets : 78 % d'entre eux ne se sont jamais ou pratiquement jamais abstenu, pour seulement 58 % des 18-34 ans et 62 % des 35-59 ans. Chez ces catégories, le vote reste certes majoritaire, mais plus intermittent que chez les plus âgés, pour qui le vote constitue un véritable devoir auquel ils ne dérogent que rarement.

Des différences selon la catégorie socioprofessionnelle et selon la région d'habitation sont également perceptibles : les artisans, commerçants, chefs d'entreprise et les ouvriers semblent se rendre moins systématiquement aux urnes que les autres (respectivement 51 % et 54 % ne se sont jamais abstenu), de même que les habitants des régions Champagne-Ardenne et Picardie (respectivement 58 % et 59 %).

Source : http://2007.tns-sofres.com/etude.php?id=278

avaient secoué la classe politique, mais aussi à une diminution de la conviction que les élus pouvaient changer des choses dans la vie.

À cet égard, l'élection présidentielle de 2007 a pu faire croire que les électeurs avaient retrouvé foi dans la capacité des élections à changer leur vie, mais l'abstention record aux élections législatives qui ont suivi en a montré les limites.

LA COMPÉTENCE POLITIQUE

Le sentiment de compétence influence les comportements électoraux, car les « incompétents » se réfugient soit dans l'abstention, soit dans la confiance quasi absolue à un leader politique.

Le « sentiment de compétence politique »

Le « sentiment de compétence politique » est une invention des politologues pour mesurer la manière d'aborder la politique. Si celle-ci est une affaire de spécialistes, cela sous-entend que le citoyen n'est pas capable de se déterminer dans un vote, puisque les problèmes abordés par les hommes politiques supposeraient des compétences spécifiques. Entre 1966 et aujourd'hui, le sentiment d'incompétence ne varie que très peu, entre 25 % et 28 %, alors que les compétents représentent entre 19 % et 22 % des électeurs français.

SOCIOLOGIE DE L'ÉLECTORAT

Type d'élections	Taux de participation	
Régionales 1998	58 %	
Européennes 1999	47,8 %	
Présidentielle 2002	1er tour : 71,6 %	2e tour : 79,7 %
Législatives 2002	1er tour : 64,8 %	2e tour : 60,3 %
Cantonales 2004	1er tour : 63,9 %	2e tour : 66,5 %
Régionales 2004	1er tour : 62,1 %	2e tour : 65,68 %
Européennes 2004	43,1 %	
Présidentielle 2007	1er tour : 83,77 %	2e tour : 83,97 %
Législatives 2007	1er tour : 60,4 %	2e tour : 60 %

Source : ministère de l'Intérieur, 2000 et 2007 et G. Mermet, Francoscopie 2003.

Un citoyen plus exigeant à l'égard de la politique

Certaines analyses imputent à la fin supposée du clivage « gauche/droite » la crise du politique. Pour Pascal Perrineau, l'absence de repères politiques s'explique par l'effondrement des repères de classe. Séduit par cette analyse, Claude Dubar y ajoute l'apparition de nouvelles causes de clivages, comme la construction européenne. Cependant, il faut se méfier des conclusions trop hâtives. Jean-Marie Donégani affirme que ce clivage reste pertinent, même si les spécificités dans les choix politiques sont moins marquées. En fait, les citoyens sont de plus en plus sensibles aux situations économiques et sociales mais, dans le même temps, ils demandent toujours à l'État de les protéger contre les risques liés à l'environnement et à la sécurité. Ainsi, le citoyen, mieux formé et plus informé, a des attentes vis-à-vis de la classe politique plus rigoureuses, et formule des exigences plus intenses, contredisant ainsi la thèse de la montée inéluctable du libéralisme et de l'individualisme.

48 DE LA DÉMOCRATIE LOCALE À LA DÉMOCRATIE PARTICIPATIVE

Avec la décentralisation, les collectivités locales influent sur le quotidien des citoyens. Se pose alors la question de la démocratie locale, c'est-à-dire des rapports entre les citoyens, les élus locaux et le pouvoir central et plus largement celle de la démocratie participative.

DE LA DÉCENTRALISATION À LA DÉMOCRATIE LOCALE

Les lois de décentralisation

Alors que les communes assuraient déjà les dépenses de fonctionnement non pédagogiques des écoles primaires et maternelles, les départements se voient confier la construction et l'entretien des collèges, les régions ceux des lycées, ainsi que la conduite de la formation professionnelle continue et de l'apprentissage. Les régions agissent également dans le domaine économique avec l'aide au développement et des interventions dans l'habitat. Le département devient l'acteur local majeur des politiques sociales puisqu'il est responsable des prestations sociales d'aide, de la prévention sanitaire et des services médico-sociaux. En outre, il assure l'entretien des routes départementales. La commune devient responsable de l'occupation des sols sur le territoire communal et délivre donc à ce titre les permis de construire.

> **Les conseils de quartier**
>
> Les conseils de quartier ont été créés par la loi du 27 février 2002 relative à la démocratie de proximité. Ils sont une obligation pour les villes de plus de 80 000 habitants et ils sont facultatifs dans les villes de 20 000 à 80 000 habitants. C'est le conseil municipal qui doit définir le périmètre du quartier couvert par le conseil ainsi que sa composition. Il est consulté par le maire sur les questions relatives à la politique de la ville mais il n'a pas de pouvoir de décision.

L'affirmation de la démocratie locale

La notion de « démocratie locale » apparaît pour la première fois dans la loi d'orientation du 6 février 1992 pour l'administration territoriale de la République. Mais son acception reste restreinte : elle désigne le droit de la population à l'information et à la consultation.

L'adoption pour les élections municipales dans les communes de plus de 3500 habitants d'un mode de scrutin mixte permettant que l'opposition dispose d'une réelle représentation permanente, avec garantie de participation aux débats et aux décisions et accès aux moyens locaux de communication va dans le même sens. On peut aussi citer l'obligation de faire précéder le vote du budget de la publication d'un rapport explicatif détaillé sur l'utilisation des deniers publics.

La loi du 27 février 2002 relative à la démocratie de proximité vise à permettre une meilleure association des citoyens aux décisions locales, en renforçant la démocratie participative et les droits de l'opposition au sein des assemblées délibérantes. Elle améliore également les conditions d'accès aux mandats locaux et les conditions d'exercice de ces mandats en apportant une réponse au problème du statut de l'élu.

LE DÉVELOPPEMENT DE LA DÉMOCRATIE PARTICIPATIVE

La période des années 1980-1990 est marquée par un désintérêt croissant des citoyens envers la démocratie représentative.

Une réponse à la crise de la démocratie représentative

Face à l'augmentation du taux d'abstention aux élections, qui s'est encore confirmé en 2007, de nouvelles formes de citoyenneté se dessinent, dans lesquelles la société civile tient un rôle essentiel. Cependant, jusqu'à la fin des années 1980, on ne parle pas encore de démocratie participative mais plutôt d'autogestion.

L'expression démocratie participative s'impose au cours des années 1990, notamment dans les milieux du développement local (les associations, agences de développement tout comme les institutions l'emploient dans leur méthodologie), dans les courants alternatifs (les mouvements alter mondialistes), mais aussi chez une classe politique inquiète de la baisse de participation électorale et soucieuse de redécouvrir ses électeurs et de se rapprocher d'eux. Il s'agit de faire participer les citoyens aux décisions prises par les élus principalement sous deux formes : la prise en compte d'initiatives populaire et la concertation avec les citoyens.

> **Le référendum local**
>
> **Depuis 2003, les conseils municipaux, généraux ou régionaux peuvent organiser un référendum décisionnel local afin de soumettre à la décision des électeurs un projet de texte relevant de leurs compétences.**
>
> **Seuls les électeurs de la collectivité concernée peuvent participer au vote et non l'ensemble de ses habitants. Les ressortissants des États membres de l'Union peuvent seulement participer aux référendums organisés par les communes.**
>
> **Le projet de texte soumis au référendum est adopté si au moins la moitié des électeurs inscrits a participé au vote et s'il réunit la majorité des voix. Mais, le plus souvent, les élus locaux hésitent à recourir à ce type de consultation. Ils craignent une participation trop importante des minorités critiques et un désaveu de leur politique en cours de mandat.**

Les limites de la démocratie représentative

Le fonctionnement de la démocratie représentative est souvent critiqué. Ainsi les assemblées locales, comme les conseils de quartier, voient leurs membres et leur fonctionnement fixés par le conseil municipal.

Lors des réunions auxquelles participent les habitants d'un quartier, les participants sont divisés en trois groupes distincts. Les premiers, les élus, sont présentés en tant que tels, ce qui légitime leur discours. Le second groupe comprend les techniciens, spécialistes du dossier. Enfin, les habitants constituent un troisième groupe et parmi eux on trouve ceux qui représentent une association importante et ceux qui ne représentent qu'eux-mêmes. Les interventions de ces derniers, surtout si elles sont critiques, sont le plus souvent dévalorisées. On peut expliquer ce phénomène du fait de leur condition sociale souvent modeste et de leur absentéisme aux réunion, ce qui introduit déjà une certaine discrimination, aggravée par la capacité à intervenir de chacun qui peut être plus ou moins facile selon le niveau de diplôme et l'origine sociale.

49 DROIT DE VOTE DES IMMIGRÉS ET INTÉGRATION

Dans le programme électoral lors de l'élection présidentielle de 1981, François Mitterrand avait promis le droit de vote pour les étrangers aux élections locales. La question demeure et pose le problème de l'intégration d'une partie de la population vivant en France.

DE L'INTÉGRATION AU REJET

La crise économique et sociale libère le discours xénophobe selon des règles immuables : l'hostilité envers les personnes d'origine étrangère se nourrit du même type de discours quant à leur incapacité à s'intégrer du fait de l'inadaptation de la culture d'origine à la culture française.

Racisme et antiracisme

La phobie des « Arabes » reste enracinée dans certaines de nos attitudes. Elle puise sa source dans les conditions de la décolonisation, notamment celle de l'Algérie. Une guerre de huit années où ont été impliqués tous les jeunes en âge de faire leur service militaire et qui a laissé des traces profondes pour toute une génération.

De plus, certains sociologues, comme Pierre Bourdieu, ont montré que l'intégration renforçait les attitudes xénophobes, car plus l'ancien dominé devient assimilé, plus le dominateur cherche à créer une distance fondée sur la nature. Le racisme est alors justifié par la nécessité de préserver l'identité nationale dans le respect de différences inaliénables.

Les immigrés, quelle intégration ?

Concernant l'immigration, les mots ne sont pas neutres, car ils ont une forte connotation idéologique. Intégration ou assimilation ? Que recouvrent ces termes et en quoi s'opposent-ils ?

L'assimilation est définie comme un processus par lequel l'autre, l'étranger, s'immerge dans la culture du pays d'accueil en abandonnant sa culture d'origine. Cette définition est souvent considérée comme une expression d'une nouvelle forme de colonialisme, car elle nécessite pour l'immigré la négation de ses origines.

Au début des années 1980, l'assimilation est remplacée par le terme « insertion », qui n'implique pas l'abandon de son identité. Le multiculturalisme devient une source d'enrichissement pour les pays d'accueil.

Porter un prénom maghrébin...

Selon une étude réalisée par l'Observatoire des discriminations, à formation égale, à milieu d'origine identique, une personne portant un prénom maghrébin a moins de chances de connaître une ascension socioprofessionnelle qu'une personne portant un prénom français. Un garçon maghrébin dont le père exerce une profession intermédiaire a « cinq fois moins de chances de devenir cadre » qu'un garçon français appartenant à la même catégorie socioprofessionnelle et « aucune des filles portant un prénom maghrébin issues du même milieu n'est devenue cadre ».

Mais le slogan « Vivons ensemble avec nos différences » peut être aussi dangereux, car il évoque l'impossibilité d'une population à vivre dans le milieu d'accueil. Le terme « intégration » permet d'éviter pour certains, et pour la gauche en particulier, les écueils précédents.

Il s'agit d'accepter des obligations définies par le pays d'accueil tout en bénéficiant de droits respectant les spécificités culturelles. L'expression « intégration » a été consacrée par la création d'un Haut Conseil à l'intégration en 1989.

LE MODÈLE FRANÇAIS DE L'IMMIGRATION

Pays d'immigration au même titre que les États-Unis, la France fournit un modèle original d'assimilation de sa population d'origine étrangère.

L'immigration, facteur de constitution de la nation

Alors qu'aux États-Unis, les immigrés ont été considérés comme un facteur constitutif de la nation américaine, la nation française revendique une origine séculaire et les immigrés ne peuvent qu'être assimilés, car la fonction de l'immigration est d'alimenter le système économique en main-d'œuvre. Le refus du communautarisme explique pourquoi il est si difficile, dans la culture française, d'accepter le vote des immigrés de peur de voir surgir un vote non-citoyen, c'est-à-dire un vote reposant sur des considérations ethniques.

Quel droit de vote pour les immigrés ?

La question du droit de vote des immigrés ne se pose que pour ceux qui n'ont pas adopté la nationalité française et pour les étrangers originaires d'un pays n'appartenant pas à l'Union européenne. La possibilité pour un étranger d'acquérir la nationalité française est d'ailleurs un argument pour refuser ce droit de vote. En outre, les risques d'un vote ethnique sont contraires aux principes républicains.

Cependant, l'opposition au droit de vote des étrangers connaît des contradictions. Les principes de la République font de tout individu un citoyen. Dès lors, il est difficile d'imaginer une intégration des immigrés sans leur reconnaître un droit essentiel pour exercer leur citoyenneté.

D'autre part, depuis le traité de Maastricht, il existe bien, pour les ressortissants de l'Union européenne, un droit de vote pour les élections locales. Cette situation tend à distinguer deux types d'étrangers et à renforcer la discrimination entre deux types de population, corroborant l'idée selon laquelle ce sont bien les écarts culturels qui empêchent le processus d'intégration. Pour conclure, il faut souligner que, derrière le débat sur le droit de vote des immigrés, se cache une autre question, autrement plus sensible, celle de la réouverture de nos frontières aux immigrés. En effet, la faible fécondité qu'a connue la France pendant plusieurs décennies, rend indispensable l'appel à de nouveaux immigrés ayant un niveau de diplôme élevé.

> **Droit de vote pour quels immigrés ?**
>
> **Le traité de Maastricht, approuvé par référendum en 1992, prévoit le droit de vote des citoyens de l'Union européenne aux élections locales. Cette disposition implique une discrimination entre les étrangers, fondée sur la distinction, sans doute contestable, opérée entre citoyenneté européenne et nationalité.**

50 LA JUSTICE

L'idée de justice sociale a pour fondement le principe selon lequel, dans une société, chaque individu a des obligations envers les autres, ce qui confère à ceux-ci des droits devant être respectés. Pour faire appliquer ce principe, la justice est dotée d'institutions qui ont une place spécifique au sein de la société et de l'État.

JUSTICE ET SOCIÉTÉ

En France, l'organisation judiciaire est un héritage direct de la Révolution française qui détermine deux principes : la séparation entre la sphère spécifiquement judiciaire et la sphère administrative et la professionnalisation des juges. Ceux-ci ne sont plus les héritiers inamovibles d'une charge, mais des professionnels ayant pour fonction d'exécuter des lois.

Les principes de la justice française

La Déclaration des droits de l'homme de 1789 fixe les règles qui permettent de protéger les citoyens contre l'arbitraire du pouvoir et d'assurer la transparence de la justice. Le premier de ces principes est la non-rétroactivité des lois: celles-ci ne peuvent s'appliquer à des faits antérieurs à la promulgation de la loi. De plus, une même personne ne peut être jugée deux fois pour les mêmes faits, c'est ce que l'on appelle « l'autorité de la chose jugée ». La publicité des débats et la collégialité des décisions sont également de nature à garantir les individus contre l'arbitraire judiciaire. Enfin, tout délit peut être prescrit au bout d'une trentaine d'années pour les juridictions civiles et de deux mois pour les conflits avec les administrations.

Les différentes juridictions

La justice française distingue les affaires proprement judiciaires (traitées soit par les juridictions civiles, soit par les juridictions pénales) des affaires administratives.

- **Les juridictions civiles.** Elles ont pour mission de traiter les conflits entre personnes privées et elles recouvrent deux types de tribunaux selon l'importance et la nature du conflit : les tribunaux d'instance, implantés dans chaque arrondissement et composés d'un juge unique et les tribunaux de grande instance pour chaque département. Outre ces juridictions, d'autres ont un champ limité à un seul type d'affaires et sont composées de magistrats non professionnels, désignés le plus souvent par leurs pairs : tribunaux de commerce, conseils de prud'hommes, tribunaux paritaires des baux ruraux, commissions paritaires de la Sécurité sociale.
- **Les juridictions pénales.** La justice pénale prend en charge les actes troublant l'ordre public. On peut distinguer trois types d'infractions : les contraventions (excès de vitesse, par exemple), les délits (vols simples, dégradations diverses, diffamation, trafic de drogue, etc.), les crimes (meurtres, viols, etc.). Les principales juridictions pénales sont le tribunal de police pour les contraventions, le tribunal correctionnel pour les délits, les assises pour les crimes. Tant en matière civile que pénale, il existe deux voies de recours : l'opposition et l'appel devant une cour d'appel ou la cassation (Cour de cassation) qui n'examine pas le contenu de l'affaire, mais vérifie la bonne application des procédures par les autres juridictions.

• **Les juridictions administratives.** Elles se divisent en trois niveaux. À la base, les tribunaux administratifs jugent en première instance des litiges entre l'administration et les citoyens. Au-dessus se trouvent les cours administratives d'appel, créées en 1987 (et qui fonctionnent depuis 1989) avec pour objectif de désencombrer le Conseil d'État ; elles jugent les recours contre les décisions des tribunaux administratifs. Au sommet, le Conseil d'État conseille à la fois le Gouvernement dans l'élaboration des textes législatifs et juge des actes de l'administration qui sont attaquées par les citoyens. L'essentiel de l'action du Conseil d'État est de traiter certaines affaires examinées par les tribunaux administratifs.

JUSTICE ET POUVOIR

La justice, un tiers pouvoir

Les principes politiques énoncés lors de la Révolution française affirmaient la nécessité d'une séparation des pouvoirs entre l'exécutif, le législatif et le judiciaire. Cependant, la traduction jacobine de ces principes a conduit la France à se méfier d'un pouvoir des juges qui n'aurait pas de légitimité démocratique. Les évolutions récentes, liées à l'émergence d'un droit européen, remettent en cause la tradition jacobine et légitiment l'existence d'un pouvoir judiciaire. Celui-ci a comme fondement sa neutralité, car il peut s'abstenir d'agir lorsqu'il peut apparaître comme un acteur politique.

Ainsi, lors d'une affaire mettant en cause un Premier ministre, les juges ont considéré que le délit était constitué, mais ils n'ont pas entamé de poursuites pour ne pas prendre le risque de renverser le gouvernement. La justice peut également jouer un rôle régulateur dans le débat politique en définissant les limites de l'action politique.

> **La réforme de la justice après l'affaire d'Outreau**
>
> **Après l'affaire d'Outreau, un projet de loi réformant la justice a été adopté par le Parlement. Il prévoit la cosaisine de plusieurs juges d'instruction dans les dossiers les plus complexes et la création d'une faute disciplinaire pour les magistrats : la « violation grave et délibérée par un magistrat d'une règle de procédure ». Le Conseil constitutionnel a invalidé cette dernière disposition de la loi.**

L'indépendance de la justice

Si la justice constitue un « tiers pouvoir », il faut montrer les sources de sa légitimité. La première est contenue dans l'impartialité du juge, ce qui nécessite la non-intervention du gouvernement dans les affaires judiciaires. Si la nomination est la condition première de l'impartialité, il faut également que le juge soit débarrassé de toute tutelle dans la poursuite de sa carrière. La légitimité des juges trouve aussi ses racines dans la légitimité du droit qui impose sa continuité dans le long terme, alors que le pouvoir politique s'inscrit dans le court terme.

La démocratie suppose une tension entre les principes du pouvoir émanant du peuple (le judiciaire) et l'autorité du gouvernement limitée par la loi. C'est donc la justice qui détient les règles de la démocratie grâce à sa stabilité.

51 LE CAPITALISME

La chute des régimes communistes à la fin des années 1980 et au début des années 1990 semble marquer le triomphe définitif du capitalisme. Cependant, ce système économique et social a connu de multiples changements, rendant ainsi difficile son identification sous des traits définitifs.

LE CAPITALISME : UNE RÉALITÉ COMPLEXE

Les origines du capitalisme

Le capitalisme peut être défini comme un système économique et social fondé sur la propriété privée des moyens de production et la recherche permanente de profit afin d'accumuler du capital.

Grâce à cette définition, on peut distinguer plusieurs types de capitalismes qui se sont succédé dans l'histoire : le capitalisme commercial entre le XVIe et le XVIIIe siècle, le capitalisme libéral au XIXe siècle, le capitalisme institutionnel au XXe siècle. Cependant, la Révolution industrielle constitue les véritables débuts du capitalisme, car elle est non seulement un bouleversement des techniques de production caractérisé par l'introduction des machines, mais aussi un phénomène plus complexe incluant des transformations démographiques et institutionnelles, comme la suppression des contraintes réglementaires touchant l'activité économique.

Le socialisme

Si après la révolution bolchévique de 1917 un certain nombre de pays ont adopté, parfois sous la contrainte, le régime socialiste, on peut observer qu'il s'est développé quasiment autant de socialismes que de pays socialistes. Cependant, on peut dégager quelques éléments communs à tous ces régimes : la direction d'un parti unique, la propriété collective des moyens de production, la planification impérative. L'objectif proclamé a toujours été d'abolir les classes sociales. Mais ces socialismes ont fait l'objet de critiques virulentes. En effet, on a souvent reproché aux pays socialistes d'être des capitalismes d'État avec une nouvelle bourgeoisie composée de ceux qui dirigent le parti unique. En outre, les pays socialistes se sont enfoncés, dès la fin des années cinquante, dans une crise qu'ils n'ont pas su résoudre.

Les transformations du capitalisme

Depuis la Révolution industrielle, le capitalisme a connu de profondes transformations. Au XIXe siècle, il est marqué par une forte concurrence entre entreprises en pleine expansion.

Ce capitalisme libéral, régulé par la concurrence sur le marché, favorise la formation de grandes entreprises (oligopoles) qui dominent le marché, ce qui suscite l'intervention de l'État, notamment avec les lois antitrust. Cette intervention prend de l'ampleur et c'est un véritable capitalisme institutionnel qui se met en place au XXe siècle, avec la création d'un secteur public de plus en plus vaste et la reconnaissance de la nécessité d'une régulation non seulement économique mais aussi sociale.

L'AVENIR DU CAPITALISME

La dimension culturelle du capitalisme

Le cadre juridique et économique est insuffisant pour saisir la globalité du capitalisme. Il faut également prendre en compte ses dimensions culturelles et sociales. Ainsi, Max Weber insiste sur le rôle de la religion dans l'apparition du capitalisme. Une certaine morale protestante, fondée sur l'ascétisme, favorise l'esprit d'épargne et permet l'accumulation du capital. Cette thèse a été souvent discutée, mais elle a le mérite de mettre en évidence les aspects culturels du capitalisme.

Le capitalisme en question

Si le capitalisme s'est transformé depuis deux siècles, les mêmes questions quant à sa justification continuent à se poser. En effet, ce système social a connu des crises profondes et, même s'il a su résister à celles-ci, il est indéniable que les contrastes offerts par le développement économique posent question. La volonté d'accumulation peut-elle tout justifier ? Pour certains, le problème de la moralité du capitalisme est un faux débat, car, par essence, il est amoral. Cependant, l'intervention de l'État a le plus souvent eu comme justification de gommer les plus grandes injustices afin de lui redonner un sens. Ainsi, l'État-providence, après la Seconde Guerre mondiale, a comme objectif de concilier développement économique et justice sociale. Dans cet esprit, le philosophe américain John Rawls (1921-2002) a construit un modèle basé sur deux principes que certains jugent antagoniques. Le premier est celui de la liberté des individus, le second porte sur le respect des différences, et donc justifie les inégalités entre les individus, à condition que l'égalité des chances soit assurée pour tous.

Le dépassement du capitalisme

Le capitalisme constitue-t-il la fin de l'histoire ? Cette question aurait paru saugrenue il y a une vingtaine d'années, mais l'effondrement du bloc socialiste semble marquer définitivement la supériorité du capitalisme sur tout autre système social. Dès le XIXe siècle, Karl Marx annonçait la disparition du capitalisme. En effet, pour lui, la recherche du profit condamnait ce système, car la concurrence encourage la substitution du capital au travail, d'où une baisse tendancielle du taux de profit provoquant des crises exacerbant la lutte des classes. Celle-ci devait conduire à la victoire finale du prolétariat sur la bourgeoisie. Un peu plus d'un demi-siècle plus tard, Joseph A. Schumpeter rejoint les conclusions de Marx, mais pour des raisons différentes. L'autodestruction du capitalisme et le passage au socialisme s'expliquent par la disparition de la classe des entrepreneurs, véritables piliers du système. L'Histoire a donné tort à ces deux grands penseurs. Cependant, la fin du capitalisme est toujours en débat. Le passage d'une société industrielle à une société postindustrielle, où les services prennent une part de plus en plus importante dans la croissance économique, remet en cause les principes du capitalisme.

Malgré tout, si le capitalisme est toujours contesté, nous vivons dans une société où la propriété privée des moyens de production et l'accumulation du capital restent les fondements du développement. L'effondrement de l'ex-URSS et la mondialisation posent de nouvelles questions qui engendrent de nouvelles contestations incarnées par le mouvement antimondialiste. De fait, de nouvelles formes de régulation sont nécessaires, celles-ci pouvant caractériser le passage à un nouvel âge du capitalisme.

52 LE RÉGIONALISME

Les mouvements régionalistes n'ont jamais été bien perçus par les dirigeants politiques nationaux. Parfois soupçonnées de menées antirépublicaines, les organisations défendant des particularismes culturels régionaux n'ont réussi à sortir de l'ombre qu'à partir des années 1960.

L'ÉMERGENCE DES MOUVEMENTS RÉGIONALISTES

Un mouvement d'ampleur qui touche l'Europe entière

Dans quasiment chaque pays d'Europe, un ou plusieurs mouvements régionalistes s'opposent au pouvoir central. Le Pays basque, la Bretagne, la Corse, la Lombardie, La Flandre, l'Écosse, l'Ulster ou la Catalogne sont autant de régions où existent des revendications culturelles, linguistiques, économiques ou politiques. Le dénominateur commun à tous ces mouvements est l'opposition à l'État central, accusé de discriminations à l'encontre des cultures régionales, d'exploitation économique, voire de répression politique. Partout, des intellectuels théorisent l'identité communautaire, en puisant dans une tradition historique oubliée par la quasi-totalité de la population ou en construisant une identité fictive, en creux par rapport à la culture centrale. L'important est ici de bâtir une idéologie communautariste qui servira de socle pour l'étape suivante, la création d'une organisation politique prétendant parler au nom du « peuple » en question. La répression par le pouvoir central conduit alors souvent à une escalade dans la surenchère et dans la violence.

La carte du régionalisme en France épouse celle des anciennes provinces

Il est courant de présenter la construction de la nation française comme le résultat d'un processus centralisateur remontant à l'Ancien Régime. En effet, au Moyen Âge, le pouvoir réel des rois de France ne s'est longtemps étendu que sur une petite partie du territoire français actuel. Chaque province était placée sous l'autorité d'un duc, qui n'avait pas d'intérêt particulier à faire apprendre le français à ses sujets pour supplanter les patois locaux. À la veille de 1789, ceux qui deviendraient les Français d'aujourd'hui formaient donc un groupe linguistique bigarré (basque, breton, occitan, provençal, savoyard, alsacien, flamand...). À l'intérieur des provinces, l'emploi du dialecte local allait servir pour les tenants de la

> **La musique au secours du breton**
>
> Le sociologue breton Ronan Le Coadic, auteur de *L'Identité bretonne* (Presses universitaires de Rennes, 1998), montre que l'usage du breton s'est poursuivi jusqu'après la Seconde Guerre mondiale, avec toutefois un sentiment de honte pour ceux qui l'employaient, poussant parfois des parents se parlant en breton à interdire à leurs enfants de faire de même ! Revendiquant un droit à la différence, des militants bretons ont réussi à enrayer le déclin de la langue en l'associant à des pratiques culturelles comme la musique.

réaction à contrer l'influence républicaine, d'où la persistance des langues régionales au XIXe siècle. C'est au cours du XXe siècle que leur usage va se perdre progressivement, c'est-à-dire trois ou quatre générations seulement avant la nôtre. Rien d'étonnant donc à ce que des bribes de ces cultures régionales aient survécu jusqu'à leur réveil dans les années 1960.

LES EXPLICATIONS DU RÉVEIL DES RÉGIONALISMES

De l'appropriation d'une tradition culturelle par une élite éclairée...

Depuis la fin du XIXe siècle, l'école républicaine a joué le rôle d'une machine à broyer les particularismes culturels, comme le narre Pierre Jakez Hélias dans *Le Cheval d'orgueil* (Pocket, 1999). L'autre grande institution républicaine, l'armée, joua également ce rôle avec l'affectation des conscrits loin de leur région d'origine, la stigmatisation des accents ou du parler en patois... La formation de mouvements régionalistes souhaitant permettre la survie et la diffusion de cultures traditionnelles apparaît avec la vague de libéralisme culturel du début des années 1960. Il s'agit à la fois de défendre des idées minoritaires sans avoir honte de se référer à un héritage familial, et aussi de s'opposer aux institutions ayant provoqué la « fin des terroirs », pour reprendre l'expression d'Eugen Weber.

On comprend alors le succès des mouvements régionalistes après la contestation générale des institutions en Mai 1968. L'action régionaliste s'opposait au conformisme républicain, aux institutions et s'inscrivait dans la logique des nouveaux mouvements sociaux comme l'écologie ou le féminisme. D'ailleurs, les militants régionalistes se recrutaient (et encore aujourd'hui) pour l'essentiel dans les mêmes groupes sociaux (jeunes, diplômés, classes moyennes salariées).

... à un retour de l'ethnonationalisme

Une autre approche du régionalisme met l'accent sur une interprétation en termes de retour du nationalisme, voire de l'ethnocentrisme. Les origines de ces mouvements seraient à rechercher dans les transformations géopolitiques depuis les années 1960. D'abord, la décolonisation voit triompher dans les pays du tiers-monde la volonté des peuples à disposer d'eux-mêmes, d'où une prise de conscience de la possibilité d'une reconnaissance identitaire.

Par ailleurs, la construction européenne et la mondialisation mettent à mal la légitimité de l'État, d'autant que les responsables politiques se servent souvent de cet alibi pour exonérer leurs propres responsabilités dans les difficultés économiques. Ces dernières, enfin, ont soumis les sociétés occidentales à des forces centrifuges accentuant plusieurs formes de dualismes : entre la Lombardie prospère et le Mezzogiorno misérable en Italie, entre l'Écosse accueillant des délocalisations industrielles et le reste du Royaume-Uni où les usines ferment, entre la Corse que les nationalistes présentent comme dépouillée de ses forces vives et une France continentale qui à l'impression de servir de « vache à lait »... Les objectifs séparatistes des mouvements régionalistes peuvent aussi s'analyser comme une tentative de repli frileux sur les avantages ou les résultats économiques, en mettant fin au pacte de solidarité avec le reste du pays. Se présentant souvent comme victimes, se référant à un passé idéalisé et mythique, les mouvements régionalistes, notamment les plus radicaux, peuvent alors trouver des débouchés politiques qui ne sont pas sans rappeler ceux de l'extrême droite.

53 LA PARITÉ HOMMES-FEMMES DANS LA VIE POLITIQUE

Ce n'est qu'en 1945 que les Françaises acquièrent la pleine citoyenneté grâce au droit de vote. Mais la faible représentation des femmes, ainsi que les arguments sexistes employés pendant l'élection présidentielle de 2007, alimentent le débat sur la parité hommes-femmes en politique.

LA RÉPUBLIQUE DES MÂLES

La Ve République est marquée par une transformation profonde du personnel politique. Les hommes exercent un « monopole légitime » de la politique. En effet, les hauts fonctionnaires issus de l'ENA (École nationale d'administration) se sont substitués aux notabilités politiques traditionnelles. Or les femmes ne représentent, jusque dans les années 1970, qu'à peine 10 % des promotions de l'ENA.

La monopolisation du pouvoir par les hommes sous la Ve République

La personnalisation du pouvoir, tant au niveau national que local, favorise la symbolique de l'homme fort. Il faudra attendre la présidence de Valéry Giscard d'Estaing pour connaître une féminisation des institutions politiques. François Mitterrand accentue le mouvement, en nommant une femme Premier ministre en 1991 (Édith Cresson). Cependant, les femmes n'apparaissent encore que comme les « femmes du Président » tirant leur légitimité, dans la vie politique, d'un homme.

En 1997, 2002 et 2007, les élections législatives marquent un progrès laissant toutefois la France à l'avant-dernier rang de l'Union européenne, juste devant la Grèce. Globalement, la part des femmes parmi les élus progresse vite dans les élections de liste (parité obligatoire) mais beaucoup plus lentement dans les élections uninominales où les femmes doivent affronter seules les préjugés sexistes.

Repères

1944 : les femmes obtiennent le droit de vote.

1947 : Germaine Poinso-Chapuis est la première femme nommée ministre (ministère de la Santé publique et de la Population).

1974 : Simone Veil est la deuxième femme nommée ministre.

2001 : la loi sur la parité, votée le 6 juin 2000, s'applique pour la première fois aux élections municipales.

2007 : Ségolène Royal devient la première femme à accéder au second tour de l'élection présidentielle.

Les résistances à l'entrée des femmes dans l'arène politique

Les principales résistances rencontrées par les femmes dans la vie politique émanent du milieu politique lui-même. Après Édith Cresson, discréditée parce qu'elle était une femme, la contestation sexiste de la légitimité de la candidature de Ségolène Royal, en 2007, a bien montré la persistance des préjugés, y compris venant d'une partie de l'électorat féminin.

De fait, les hommes politiques ont une vision très conservatrice de la place de la femme dans la société. Les témoignages de candidates aux élections montrent qu'elles sont soumises à un harcèlement portant sur leur sexe et non pas sur leur programme. De plus, ce harcèlement ne vient pas des électeurs, mais des militants des partis adverses, voire du parti même de la candidate.

LE MOUVEMENT POUR LA PARITÉ

Féminisme et politique

Lors de la Révolution de 1789, Olympe de Gouges rédige une Déclaration des droits de la femme et de la citoyenne, réclamant l'égalité en matière politique. L'un des articles énonce : « La femme a le droit de monter sur l'échafaud. Elle doit avoir également celui de monter à la tribune. » Cette revendication à la citoyenneté semble trop osée pour l'époque et Olympe de Gouges mourra sur l'échafaud.

Tout au long du XIXe siècle et au cours du XXe, les femmes réclamèrent le droit de vote. Cependant, si l'histoire retient le mouvement des suffragettes en Angleterre qui aboutit au droit de vote en 1918, la France a perdu la mémoire de ces femmes qui ont voulu, comme les hommes, être considérées comme des citoyennes.

Quelle parité ?

L'accès à la citoyenneté n'est pas suffisant pour accéder à la parité. Il est également nécessaire que les femmes aient une représentation suffisante au niveau des élus. Un pourcentage de 18,5 % de femmes à l'Assemblée nationale lors des élections de 2007 apparaît comme un progrès considérable, mais on reste loin de la parité revendiquée. Comment l'obtenir ? Par une loi des quotas ? Le Parti socialiste fut le premier à s'imposer un quota de 30 % de femmes parmi les candidats. Le débat fut âpre et beaucoup de femmes s'inquiétèrent de quotas qui auraient comme fonction de choisir des femmes, non pas en fonction de leurs qualités, mais de leur sexe.

De plus, comme le soutient Robert Badinter, la fixation de quotas remet en cause le principe d'universalité du citoyen. En choisissant la contrainte législative, les législateurs ont sans doute voulu accélérer une évolution qui semble inscrite dans l'histoire de la citoyenneté. Ainsi, tout scrutin de liste (élections municipales dans les communes de plus de 3 500 habitant, régionales et européennes) doit depuis 2000 comporter un nombre égal d'hommes et de femmes, à un près.

La Loi du 31 janvier 2007 oblige également à la parité dans les exécutifs locaux (adjoints au maire ou vice présidence de région ou de département), en instaurant une élection avec un scrutin majoritaire de liste.

La parité au Gouvernement

En dehors même de la candidature de Ségolène Royal, la place des femmes a constitué un thème fort de la campagne présidentielle de 2007.

Le Président élu, Nicolas Sarkozy, s'était ainsi engagé à respecter la parité dans la composition du Gouvernement, engagement tenu, puisque le ministère Fillon constitué en mai 2007 comptait parmi les ministres 7 femmes pour 8 hommes.

54 LE HARCÈLEMENT

Le harcèlement moral semble être un problème relevant de la psychologie. Cependant, la médiatisation de cas de violences morales et l'inquiétude suscitée dans le corps social font penser que le harcèlement est le produit d'une société qui privilégie la loi du plus fort dans certaines institutions.

LE HARCÈLEMENT DANS LES INSTITUTIONS SOCIALES

La violence perverse dans la famille

Comme le montre Marie-France Hirigoyen dans son livre *Le Harcèlement moral,* le harcèlement est le plus souvent considéré comme le produit d'une hiérarchie fondée sur l'autorité du père.

• Dans le couple, les agressions sont parfois très subtiles et, de l'extérieur, elles peuvent être considérées comme de simples situations de conflit ou comme la conséquence de relations passionnelles entre deux personnes. Cependant, ce type de relation peut aboutir à la destruction psychologique et même physique de l'un des membres du couple.

• Dans la famille, le harcèlement peut être considéré comme une maltraitance cachée, car elle apparaît comme un aspect de l'éducation. La convention internationale des droits de l'enfant considère comme mauvais traitement psychologique à enfants : la violence verbale, les comportements sadiques et dévalorisants, le rejet affectif, les exigences excessives par rapport à l'âge de l'enfant, les consignes éducatives contradictoires. La violence exercée sur les enfants peut être directe ou indirecte, mais elle entraîne le plus souvent la destruction de l'enfant qui risque de reproduire les mêmes schémas lorsqu'il deviendra parent.

Les violences conjugales

Une femme meurt, en moyenne, tous les quatre jours des suites de violences conjugales. La proposition de loi renforçant la lutte contre les violences conjugales a été adoptée définitivement, jeudi 23 mars 2006, par le Parlement. Ce texte porte l'âge légal du mariage pour les filles de 15 à 18 ans. Il définit également dans le code pénal comme une « circonstance aggravante » le fait de commettre des violences au sein du couple (mariés, concubins, pacsés) ou entre anciens conjoints.

Source : Le Monde du *23 mars 2006.*

Le harcèlement dans l'entreprise

À la différence du couple, les relations dans l'entreprise ne sont pas fondées sur la libre adhésion des personnes. Mais, si le contexte est différent, les modalités de harcèlement dans l'entreprise s'apparentent à celles de la violence conjugale. En outre, au travail, la perversion est la conséquence de la banalisation d'une multitude de petits faits quotidiens qui, mis bout à bout, peuvent détruire moralement et physiquement les personnes concernées. Par ailleurs, la dégradation des conditions de travail dans une économie de plus en plus concurrentielle peut être assimilée à une forme de harcèlement.

En effet, les nouveaux modes de gestion du travail tendent à responsabiliser de plus en plus les salariés. Ceux-ci intériorisent le fait que les résultats de l'entreprise, et donc leur emploi, dépendent de la qualité de leur travail. La principale conséquence est l'intensification du travail génératrice de stress, surtout pour les salariés les plus âgés et pour ceux qui occupent des emplois précaires.

LE HARCÈLEMENT COMME RENONCEMENT AUX INTERDITS DE LA SOCIÉTÉ

Le harcèlement fascine, car on attribue une force supérieure aux individus qui exercent des pratiques perverses.

La remise en cause des normes sociales

L'indulgence est de mise, surtout dans la sphère politique et économique : la manipulation est considérée comme une forme d'action où la fin justifie les moyens. Ainsi se met en place un cercle vicieux du harcèlement lié à l'indifférence dans un contexte socioculturel qui semble favoriser les comportements pervers. La société actuelle refuse l'établissement de normes qui supposent la définition de limites morales ou religieuses. De fait, l'individualisme ambiant (voir la fiche 14) refuse toute situation qui pourrait être assimilée à un acte de censure. En outre, même la psychiatrie éprouve des difficultés à nommer et définir la perversité morale de peur d'émettre un jugement de valeur.

Lutte contre le harcèlement moral au travail

La loi de modernisation sociale du 17 janvier 2002 définit le harcèlement moral comme « un ensemble d'agissements répétés qui ont pour objet ou pour effet une dégradation des conditions de travail susceptible de porter atteinte aux droits du salarié et à sa dignité, d'altérer sa santé physique ou mentale ou de compromettre son avenir professionnel ». La loi Fillon du 3 janvier 2003 est venue modifier certaines des règles créées. Selon la nouvelle loi, est victime tout salarié qui subit les agissements répétés de harcèlement moral ayant pour objet ou pour effet une dégradation de ses conditions de travail susceptible de porter atteinte à ses droits et à sa dignité, d'altérer sa santé physique ou mentale ou de compromettre son avenir professionnel.

Source : http://www.lesjeudis.com.

La culpabilisation des victimes

Dans certaines circonstances, le harcèlement n'est pas seulement le produit d'une relation entre des individus, mais le résultat d'une situation sociale où un groupe particulier est tenu pour responsable d'un état qui lui est imposé par la société. C'est le cas des chômeurs. Ceux-ci peuvent faire l'objet de pitié ou de charité, mais ils ne sont jamais considérés comme des êtres en souffrance, victimes du harcèlement de la société au nom des lois économiques. La crise de l'emploi est ressentie comme une fatalité et non pas comme une injustice. Banalisé, le chômage est présenté comme le fruit d'un processus s'inscrivant dans une société qui prône la liberté de l'individu au détriment de la justice sociale. D'ailleurs, la théorie du chômage volontaire, telle qu'elle est analysée par le courant libéral, impute au chômeur sa situation. Cette culpabilisation justifie la remise en cause de l'État-providence qui encourage les chômeurs à le rester.

55 LE DÉBAT ÉGALITÉ-ÉQUITÉ

Le terme égalité fait partie, avec la liberté et la fraternité, des principes fondateurs de la République. Cependant, ce principe peut faire oublier que les inégalités sont multiples et qu'il peut être préférable de se référer au principe d'équité.

L'ÉGALITÉ, VALEUR FONDAMENTALE DE LA SOCIÉTÉ FRANÇAISE

Les différents types d'égalités

On distingue habituellement trois types d'égalités. L'égalité des droits ou des conditions juridiques signifie que tous les individus sont égaux devant la loi, comme le stipule la Déclaration des droits de l'homme et du citoyen de 1789 : « Les hommes naissent et demeurent libres et égaux en droits. » Son corollaire est l'égalité politique, c'est-à-dire que les citoyens sont égaux entre eux : le vote de chaque individu a le même poids lors d'une élection. L'égalité de fait ou des conditions matérielles d'existence signifie qu'il y a un rapprochement objectif du niveau de vie des groupes sociaux, notamment en termes de revenu ou de patrimoine. Enfin, l'égalité des chances qui est étudiée dans la fiche 22 signifie que tout individu peut accéder aux positions sociales que lui permettent ses talents propres.

> **L'égalitarisme**
>
> **L'égalitarisme est une doctrine politique qui place l'égalité au-dessus de toutes les valeurs. Cette « passion pour l'égalité », selon l'expression d'Alexis de Tocqueville, conduit à refuser tout traitement différencié des individus, quels que soient leur milieu social, leurs conditions de vie, leur milieu familial...**

La place cruciale de l'égalité dans la société française

Depuis la Révolution et l'adoption de la devise « liberté, égalité, fraternité », l'égalité joue un rôle crucial dans la société française. C'est l'égalité politique qui a été la première préoccupation des constituants de 1789 : en réaction à une société hiérarchisée en ordres, l'objectif était de donner à chaque citoyen les mêmes droits. Les régimes successifs ayant peu à peu remis en cause cette vision égalitaire, il faudra attendre en fait 1946 pour que tous les citoyens (et citoyennes) français aient le même poids dans l'élection.

C'est dans l'après-guerre que la lutte contre les inégalités de condition s'impose comme objectif de l'intervention de l'État. Outre l'égalité de traitement des usagers des services publics, cet objectif est illustré par le versement sans critères restrictifs de certaines prestations (par exemple les allocations familiales) ou le remboursement identique des soins médicaux par la Sécurité sociale pour tous les individus. La redistribution s'impose cependant comme un moyen de corriger les inégalités de revenu : en plaçant de nombreuses prestations sous condition de ressources, on demande à ceux qui ont un revenu élevé de financer par leurs cotisations les prestations versées à ceux qui ont des revenus inférieurs au seuil fixé. De nos jours, la quasi-totalité des prestations sociales est ainsi distribuée.

L'INÉGALITÉ EST-ELLE TOUJOURS INJUSTE ?

L'équité peut être définie comme la situation où chacun dispose de ce qui lui est nécessaire, en fonction de ses besoins « objectifs » et de sa participation à la création des richesses.

Égalité ne signifie pas équité

Dans cette perspective, les inégalités de revenus ne sont pas forcément injustes dans la mesure où elles répercutent des disparités dans les qualifications, dans le degré de responsabilités... En pratique, le concept d'équité, fondé sur le « principe de différence » énoncé par John Rawls, est surtout utilisé pour critiquer l'intervention égalitaire de l'État-providence.

L'égalité, une menace pour l'allocation optimale des ressources ?

Dans l'analyse libérale traditionnelle, deux arguments reviennent couramment. La redistribution constituerait une désincitation au travail : ceux qui reçoivent des prestations sont encouragés à l'oisiveté et ceux qui financent les prestations par leurs cotisations voient une partie du fruit de leurs efforts s'envoler. De plus, l'arsenal redistributif garantit les individus contre les aléas de la vie (maladie, invalidité...) et offre un revenu lors de la vieillesse ; les individus ne sont alors pas incités à se constituer une épargne de précaution, dont les sommes permettraient le financement direct des entreprises sur les marchés financiers. La croissance économique serait donc freinée par un tel système redistributif. Cette analyse ne prend cependant pas en compte les effets positifs de la redistribution, notamment celui de protéger relativement contre la grande pauvreté et de stabiliser la demande, donc la production, y compris en période de récession...

La discrimination positive, une pratique équitable

Le philosophe John Rawls (1921-2002) estime qu'une société juste est une société qui donne les mêmes chances à tous ses membres tout en respectant leur liberté et leurs différences.

Au nom de ces principes, on peut tolérer les inégalités si elles donnent un avantage aux plus défavorisés, c'est la discrimination positive en France (parité homme-femme pour les élections) ou *affirmative action* aux États-Unis (quotas d'étudiants noirs aux États-Unis).

L'abandon du critère d'égalité, une menace pour la démocratie !

La nécessité d'une réduction des inégalités a été montrée par Jean-Jacques Rousseau, qui explique que trop d'inégalités nuisent à la démocratie. En effet, des inégalités trop importantes et trop criantes conduiraient ceux qui en souffrent à remettre en cause leur volonté de vivre en paix avec les autres.

Enfin, si on accepte comme « naturelles » certaines inégalités, quel argument peut-on opposer à ceux qui pensent que certaines catégories de la population ne devraient pas bénéficier du droit de vote, au motif qu'elles sont moins instruites et moins compétentes pour comprendre les affaires publiques ? Légitimer les inégalités de fait conduit à une remise en cause de l'égalité des droits !

56 LE SERVICE PUBLIC

En France, le service public recouvre l'ensemble des activités d'intérêt général qui ne peuvent être assurées correctement par le marché. On y trouve des administrations, comme la justice, des entreprises publiques (la SNCF) et des entreprises privées agissant dans le cadre d'une délégation (le service de l'eau).

LA CONSTITUTION DU SERVICE PUBLIC

La notion de service public est antérieure à la Révolution de 1789. Le service de la Poste est créé sous Louis XI, celui des routes date de Henri IV. Avec la République, l'État ne se considère plus comme une puissance au-dessus de ses sujets, mais comme une entité au service des citoyens. La notion de service public est par ailleurs une spécificité française. Ailleurs, on parle de « services d'intérêt général ».

Les différents aspects du service public

Il existe en France une certaine confusion sur le sens donné à la notion de service public.

Relevant du droit administratif, le service public doit répondre à trois grands principes : la continuité, l'égalité et l'adaptabilité.

- **La continuité** : dépendant de l'intérêt général, les activités du service public doivent être régulières et continues.
- **L'égalité** : tous les usagers sont placés dans une position égale dans l'accès au service public. Ainsi, tous doivent payer le même prix pour le même service.
- **L'adaptabilité** : le service public doit s'adapter aux besoins tant qualitatifs que quantitatifs. Pour suivre cette règle, le service public doit se montrer dynamique.

Les différents types de services publics

- Les grands services publics nationaux : ce sont notamment La Poste, France Télécom, EDF, la SNCF. Ils ont pour objectif d'associer efficacité économique et efficacité sociale. Ils ont été des acteurs majeurs au cours de la période des Trente Glorieuses, car ils ont su répondre aux besoins des usagers. Cependant, la tutelle de l'État a favorisé l'émergence d'une élite technico-économique qui a parfois imposé des choix politiquement discutables, c'est-à-dire sans qu'il y ait véritable débat au sein de la société. C'est le cas des dirigeants d'EDF optant, au début des années 1970, pour le tout-nucléaire.
- Les services publics locaux (eau, assainissement, transports collectifs, etc.) sont des services de proximité relevant des communes ou de regroupements de communes. La gestion de ces services peut être directe (régie) ou déléguée sous forme de concession ou de marché public. Le concessionnaire est rémunéré directement par les usagers qui payent l'utilisation du service. Le titulaire d'un marché public est rémunéré par la collectivité et il dispose d'une situation de monopole sur un territoire donné pour une durée définie à l'avance.

QUEL AVENIR POUR LE SERVICE PUBLIC ?

À partir des années 1980, le mouvement de libéralisation et de mondialisation de l'économie amène à reconsidérer le schéma traditionnel du service public à la française, face à la conception anglo-saxonne en particulier.

Service public et libéralisme

Cette remise en cause a commencé plusieurs années auparavant du fait de la crise et de l'incapacité de l'État à y remédier. Pour les services publics, cette situation s'est traduite par de vigoureuses critiques contre une centralisation jugée excessive, doublée d'une forte tendance à la rigidité due à une réglementation trop poussée. En outre, le développement d'activités commerciales remet en question la cohérence d'un système destiné à privilégier l'intérêt public.

Service public et Union européenne

Depuis les années 1950, la construction européenne a abouti progressivement à la constitution d'un ensemble économique supranational qui doit respecter les principes d'une économie de marché ouverte à la libre concurrence.

Cela signifie la soumission du service public à une logique marchande, en privatisant les entreprises publiques, en fixant les tarifs en fonction des coûts de production et en mettant fin aux privilèges du statut des salariés de ces services.

Pour défendre les intérêts des consommateurs et favoriser les évolutions technologiques, l'action des différentes instances composant l'Union européenne a consisté à remettre en cause les fondements des services publics. L'activité de ces derniers est considérée comme une production normale qui ne peut faire l'objet d'un monopole. Est ainsi apparue la notion de service d'intérêt général (SIG) qui consiste à s'assurer de l'accessibilité par tous, d'un service de base, en inscrivant des modalités tarifaires non exclusives dans le cahier des charges. L'usager doit alors s'acquitter d'un surcroît tarifaire pour bénéficier d'un service complet. Là encore, une entreprise privée peut être prestataire. Ce processus de libéralisation a touché tous les secteurs : les télécommunications, l'électricité, les transports ferroviaires... Cette évolution s'est accompagnée d'une privatisation partielle ou complète des anciens opérateurs publics. Cependant, cette volonté de privilégier la concurrence plutôt que la synergie entre services publics européens peut affaiblir l'Europe dans un contexte de compétition internationale exacerbée.

Le service universel

La notion anglo-saxonne de service universel a été introduite en Europe par la Commission européenne en 1992 en la définissant comme « un service minimum donné, dont la qualité est spécifiée, pour tout utilisateur, à un prix accessible ». Le service universel serait donc plutôt un service minimum (ou de base) dans un environnement concurrentiel qu'un véritable service public entendu dans sa conception extensive. Il peut être vu comme une contrepartie à l'ouverture des services publics en réseaux à la concurrence, un garant contre les risques d'une remise en cause de la cohésion sociale liée à la libéralisation.

Source : La Documentation française.

57 MÉDIAS ET OPINION PUBLIQUE

La campagne de l'élection présidentielle de 2007 a réactivé le débat sur le rôle des médias qui sont accusés d'avoir fabriqué un face-à-face Royal-Sarkozy au second tour. Une partie de l'électorat, et des militants chez les socialistes, aurait été influencé pour ses intentions de vote.

MÉDIAS ET SONDAGES

Les mass media

Au sens étymologique, le terme media (pluriel de *medium* en latin) caractérise une position intermédiaire, entre l'émetteur d'un message et celui qui doit le recevoir. Les mass media peuvent être définis comme les moyens de communication touchant l'ensemble de la population (presse, radio, télévision, Internet...).

> **Chauds ou froids**
>
> Depuis H. M. McLuhan, on a coutume de distinguer les « médias chauds » et les « médias froids ». Les premiers fournissent au public une représentation qui se suffit à elle-même et qui, par conséquent, ne nécessite pas de participation active (la radio ou le cinéma). Les « médias froids » ne donnent que peu d'éléments au public et lui demandent une participation dans le but de compléter les blancs par lui-même. McLuhan plaçait la parole, le téléphone ou la télévision parmi les « médias froids », ce classement étant aujourd'hui discuté pour la télévision, puisque celle-ci s'adresse au public non seulement par l'image mais aussi par le son.

Les sondages

Les premiers sondages ont été réalisés en 1935 aux États-Unis par l'institut fondé par George Horace Gallup. Ils ne sont introduits en France qu'en 1938, lors de la création de l'IFOP (Institut français de l'opinion publique) par Jean Stoetzel. Un sondage d'opinion consiste à estimer la distribution d'une variable statistique dans une population en extrapolant les résultats obtenus sur un échantillon extrait de cette population. Pour être pertinent, l'échantillon doit représenter fidèlement la population dont il est extrait (en fonction de l'âge, du sexe, de la PCS...). Une autre méthode consiste à interroger des individus aléatoirement, en comptant sur la loi des grands nombres pour que l'échantillon soit fidèle au modèle. Depuis plusieurs élections, les sondages sont mis en accusation, soit pour donner des résultats erronés, soit pour leur rôle dans la fabrication de l'opinion plublique.

L'OPINION PUBLIQUE

Qu'est-ce que l'opinion publique ?

Lorsqu'on cherche à définir l'opinion publique, on se heurte immédiatement à l'ambivalence de cette notion. En effet, l'opinion désigne à la fois un jugement personnel, pas forcément rationnel, et un avis autorisé, que l'on requiert sur un sujet. Pour que l'on puisse parler d'opinion publique, il est nécessaire d'ajouter trois conditions : l'opinion doit être proclamée en public, devant une assistance; l'opinion doit être collective, c'est-à-dire concerner une pluralité d'individus; enfin elle doit traiter d'un fait public, touchant à l'intérêt général. La notion même d'opinion publique est contestée par certains auteurs, tels Patrick Champagne, car ils ne voient en elle qu'un phénomène artificiel, n'existant que par la volonté de ceux qui la mesurent (les instituts de sondages et leurs clients, les médias notamment).

Les sondages : un moyen de mesurer l'opinion publique ?

Pour leurs défenseurs, les sondages sont indispensables au bon fonctionnement d'une démocratie moderne. En effet, ils permettent aux dirigeants politiques de prendre le pouls de l'opinion publique entre deux élections. Si les dirigeants réorientent leurs projets en fonction de l'opinion majoritaire, la démocratie ne peut que s'en trouver renforcée.

Pour leurs détracteurs, notamment Patrick Champagne, les sondages ne servent qu'à manipuler les individus interrogés, qui n'ont pas forcément de compétences pour répondre aux questions. Mais ce serait aussi vrai lors des élections. Les sondages amplifient les phénomènes de mode et de rejet, car le public autant que l'analyste manquent de recul pour juger de la validité des sujets abordés. Le climat politique devient dépendant des sondages, de même que les actions ou les déclarations des dirigeants politiques. On retrouve ici une des critiques adressées aux médias en général, la fonction d'agenda : les sondages (et les médias) occultent certains faits et en placent d'autres en pleine lumière. Ils indiquent les sujets « importants » (ceux dont on parle) et les sujets « inintéressants » (ceux dont on ne parle pas).

Pilotage par sondages

Lors de la campagne présidentielle de 2007, les sondages ont joué un rôle important, même s'il ne fut sans doute pas déterminant. Ainsi, le « phénomène Bayrou » fut-il d'un bout à l'autre placé sous le microscope des sondeurs. Observé avec curiosité et relative indifférence par les autres candidats au début de la campagne, le candidat Bayrou s'est trouvé pris sous les feux croisés des deux candidats finalement présents au second tour dès que sa possible accession à une seconde place se fut faite jour. Coïncidence ? C'est à ce moment que son ascension a trouvé son terme.

Faire et défaire l'opinion !

L'influence des médias sur le comportement des individus (et des citoyens) a fait l'objet de recherches depuis la fin du siècle dernier. Le premier modèle explicatif est celui de la « seringue hypodermique » : le public passif est intoxiqué par le message véhiculé par les médias. Cette vision est remise en cause par Paul Lazarsfeld et son équipe dans les années 1940 : le message déversé par les médias passerait à travers un « filtre culturel », dépendant des groupes d'appartenance de l'individu (communauté ethnique, groupe religieux, syndicat...). Ultérieurement, E. Katz met en évidence le rôle des leaders d'opinion qui reçoivent le message et le répercutent auprès du public : la communication apparaît ainsi comme un processus en deux temps, où le message transmis par les médias est réinterprété par les relations sociales de l'individu récepteur.

La fonction d'agenda des médias est approfondie par Pierre Bourdieu, qui analyse le rôle des faits divers, qu'il qualifie de « faits omnibus », capables de retenir l'attention du plus grand nombre en jouant sur les émotions, comme l'illustre la place de l'insécurité dans la campagne présidentielle de 2002. Les faits divers occupent le terrain des médias et permettent de faire l'impasse sur les questions de société. Dans cette perspective, les médias (et les journalistes) sont des instruments au service des classes dominantes pour renforcer leur domination.

REPÈRES BIBLIOGRAPHIQUES

■ Fiches 44 à 48 sur la politique

- *Michel Offerlé,* Les Partis politiques, *PUF, 1997.*
- *Laurent Joffrin, Le Gouvernement invisible - Naissance d'une démocratie sans le peuple, Arléa, 2002.*
- *Frédérique Matonti,* Le Comportement politique des Français, *« Synthèse », A. Colin, 1998.*
- *Nonna Mayer et Pascal Perrineau,* Les Comportements politiques, *A. Colin, 1992.*
- *Claude Dubar,* La Crise des identités, *PUF, 2000.*
- *Jean-Marie Donégani, « Un intérêt intact pour la politique »,* Sciences humaines, *hors-série, n° 26, sept-oct. 1999.*
- *Pierre Rosanvallon,* La Contre démocratie, *Le Seuil, 2006.*
- *J.-F. Dorier, « Que peut le politique ? »,* Les grands dossiers de Sciences humaines, n° 6, mars-avril 2007.
- *Michel Koebel, « Les travers de la démocratie représentative »,* Les grands dossiers de Sciences humaines, n° 6, mars-avril 2007.

■ Fiche 49 « Droit de vote des immigrés et intégration »

- *Gérard Noiriel,* Le Creuset français, *Seuil, 1992.*
- *François Héran,* Le Temps des immigrés, *coll. « République des idées », Le seuil, 1997.*

■ Fiche 50 « La justice »

Denis Salas, Le Tiers Pouvoir, *Hachette, 1998.*

■ Fiche 51 « Le capitalisme »

- *« Les nouveaux visages du capitalisme »,* Sciences humaines, *hors-série n° 29, juin-juillet-août 2000.*
- *Michel Beaud,* Histoire du capitalisme, *Seuil, 1999.*

■ Fiche 52 « Le régionalisme »

- *Xavier Crettiez, « L'ethno nationalisme en Europe occidentale »,* Problèmes politiques et sociaux, *n° 843, La Documentation française, août 2000.*

■ Fiche 53 « La parité hommes-femmes dans la vie politique »

- *Philippe Bataille et Françoise Gaspard,* Comment les femmes changent la politique et pourquoi les hommes résistent, *La Découverte, 1999.*
- *Xavier Molénat, « Parité politique : le déclin des stéréotypes »,* Sciences humaines, *n° 167, janvier 2006.*

■ Fiche 54 « Le harcèlement »

- *Marie-France Hirigoyen,* Le Harcèlement moral, *La Découverte et Syros, 1998.*
- *Christophe Dejours,* Souffrance en France, *Seuil, 1998.*

■ Fiche 55 « Le débat égalité-équité »

- *Emmanuelle Reynaud, « Égalité, justice, équité : John Rawls et l'idéal égalitaire »,* Revue de l'IRES, *n° 18, 1995.*

■ Fiche 56 « Le service public »

- *Pierre Bauby,* Le Service public, *Flammarion, 1997.*
- *Dominique Decèze,* Service public, la grande braderie, *Gawsewitch éditeur, janvier 2007.*

■ Fiche 57 « Médias et opinion publique »

- *Pierre Bourdieu,* Sur la télévision, *Liber, 1996.*
- *Judith Lazar,* L'Opinion publique, *Sirey, 1995.*

- *Judith Lazar,* L'Opinion publique, *Sirey, 1995.*

- *Alain Garrigou,* L'Ivresse des sondages, *coll. « Sur le vif », La Découverte, 2006.*

Des sujets de dissertation

- La citoyenneté aujourd'hui.
- Quels sont les enjeux d'une politique de la ville ?
- Les médias, le pouvoir et l'opinion publique.
- L'influence des médias sur l'opinion.

Chapitre 5

CULTURE ET MODES DE VIE

La fin du XXe siècle a connu une accélération importante des changements techniques, économiques et surtout sociaux. L'économie de marché semble avoir triomphé dans un monde qui apparaît de plus en plus comme un « village planétaire » soumis à des brassages de populations plus amples, et dans lequel un mouvement de convergence semble irrémédiablement s'opérer.

Les pays industriels vouent un culte grandissant à la science et à la technicité. Celles-ci, imposant une représentation rationnelle du monde, contribuent à la transformation des valeurs, notamment religieuses, qui, sans pour autant disparaître, prennent des formes différentes. Le monde perdrait son caractère « magique », pour reprendre la problématique de Max Weber, dans les pays industriels.

Les modes de vie ont également été bouleversés par l'intensification du progrès technique et la mondialisation. Malgré la crise et bien que les inégalités aient eu tendance à s'accentuer, les niveaux de vie ont globalement continué à s'accroître. Mais surtout, les gains de productivité générés par les innovations de procédés peuvent désormais accélérer le mouvement séculaire de baisse du temps « contraint » (celui du travail et des activités domestiques) et, par ricochet, favoriser la hausse du temps libre. Les pays industriels voient ainsi s'ouvrir la perspective d'une société de loisirs de masse. L'accroissement des pratiques culturelles et leur diversification prouvent que ce mouvement est déjà en marche. Enfin, les progrès médicaux ont permis d'allonger considérablement l'espérance de vie des populations tout en contribuant à la maîtrise de leur fécondité. Ce phénomène débouche sur le vieillissement démographique dont les répercussions sociales, économiques et financières sont de plus en plus au cœur de l'actualité.

58 LA FÉCONDITÉ DANS LES PAYS DÉVELOPPÉS

Le taux de fécondité rend compte du comportement procréatif d'une population. Depuis de nombreuses années, les médias se font l'écho de la baisse de cet indicateur dans tous les pays développés. Quels sont les facteurs de cette évolution ?

MESURE ET ÉVOLUTION DE LA FÉCONDITÉ

Les indicateurs de fécondité

On mesure tout d'abord la fécondité par le taux global de fécondité. Il s'agit du rapport entre le nombre de naissances vivantes d'une année et le nombre de femmes en âge de procréer (15-49 ans). Cependant, au sein de cette tranche d'âge, la fécondité diffère selon les âges : elle est faible avant 20 ans et s'élève ensuite pour atteindre un maximum vers 28 ou 29 ans (aujourd'hui) avant de diminuer. Il est donc judicieux de calculer des taux de fécondité par âge (nombre d'enfants nés des femmes d'un âge donné par rapport à l'effectif de femmes de cet âge) dont la somme représente, pour une année donnée, l'indicateur conjoncturel (ou synthétique) de fécondité. Ce calcul mesure la fécondité du moment mais ne permet pas de connaître la fécondité des femmes d'une génération donnée. Pour cela, il faut attendre que ces dernières soient parvenues au terme de leur vie féconde (45 ans en moyenne); on peut alors observer la descendance finale (nombre moyen d'enfants qu'ont eu au long de leur vie féconde les femmes nées une année donnée).

La chute de la fécondité dans les pays développés

L'INSEE dans son *Bilan démographique 2003,* souligne que le nombre de naissances se stabilise mais dans le cadre du nombre de femmes de 20 à 40 ans dont 96 % des naissances sont issues. En 2006, la natalité française se porte bien : avec plus de 830 000 naissances cette année, l'Hexagone est devenu avec l'Irlande le pays le plus fécond d'Europe. L'indicateur conjoncturel de fécondité reste élevé (1,98 enfant par femme en 2006 contre 1,71 en 1995).

Néanmoins, depuis 1975, dans les pays développés, il est inférieur à 2,1 enfants par femme (seuil nécessaire pour que la population ne diminue pas, sans tenir compte de l'immigration), alors qu'il dépassait 2,5 jusqu'en 1965. Le baby-boom n'a ainsi été qu'un accident dans l'histoire démographique de la France

LES FACTEURS DE CETTE ÉVOLUTION

Une transformation des structures sociales

En France, la baisse de la fécondité à partir de la fin du XVIIIe siècle s'explique d'abord par la suppression du droit d'aînesse lors de la Révolution française ; les paysans, qui composent l'essentiel de la population, vont alors limiter leur descendance afin d'éviter le morcellement de leur terre. Plus globalement, les progrès de la médecine qui favorisent une baisse de la mortalité infantile incitent à limiter les naissances de remplacement. Enfin, le déclin de l'influence exercée par la religion, les progrès de l'instruction, comme la diffusion des pratiques contraceptives, accentuent cette tendance.

Un changement dans les mentalités

La chute de la fécondité qui s'amorce en 1965 se situe en pleine période de prospérité économique. Dans ce contexte d'enrichissement, la génération du baby-boom désire jouir de la société naissante de consommation de masse et de loisirs. Or, la présence d'enfants dans le couple constitue un coût en temps et en argent. Dans le même temps, la place de l'enfant dans le couple change ; au fur et à mesure que se développe l'idée de mobilité sociale individuelle, il devient l'objet d'un investissement, notamment éducatif, ce qui alourdit son coût. Ce phénomène va dans le sens d'une réduction du nombre d'enfants dans le couple.

Un changement du statut social des femmes

Désormais, les femmes peuvent maîtriser leur fécondité, puisque l'évolution des techniques le leur permet et que la législation a évolué vers une plus grande libéralisation des mœurs (loi Neuwirth libéralisant la contraception en 1967 ; loi Veil sur l'interruption volontaire de grossesse en 1975). L'obtention d'un statut professionnel par les femmes a également infléchi la fécondité. On peut en effet remarquer une coïncidence temporelle entre la chute du taux de fécondité et le relèvement du taux d'activité des femmes dans le milieu des années 1960 D'ailleurs, depuis le début des années 1970, la courbe du taux d'activité par âge des femmes n'accuse plus le creux que l'on pouvait constater dans les années 1950 ou 1960 entre 25 et 40 ans. Il semble donc qu'un grand nombre de femmes choisissent de travailler plutôt que d'avoir plusieurs enfants.

ÉVOLUTION DE LA FÉCONDITÉ

L'indicateur conjoncturel de fécondité mesure le nombre moyen d'enfant par femme en âge de procréer.

Années	Total (indicateur conjoncturel)	Âge moyen à la maternité	Âge moyen à la maternié premières naissances[1]
1995	171	29,0	26,8
1996	173	29,1	26,9
1997	173	29,2	27,0
1998	176	29,3	27,2
1999	179	29,3	27,3
2000	187	29,4	27,4
2001	188	29,4	–
2002	186	29,5	–
2003	187	29,5	–
2004	190	29,6	
2005	192	29,7	
2006[2]	198	29,8	

1. Calculé (1970-1997) ou estimé (1998-2000) d'après l'enquête « Étude de l'histoire familiale » de 1999 (EHF 1999).
2. Chiffres provisoires.

Source : http://www.ined.fr/fr/pop_chiffres/france/naissances_fecondite/evolution_fecondite/

59 VIEILLISSEMENT DÉMOGRAPHIQUE DANS LES PAYS DÉVELOPPÉS

Depuis le début des années 1960, les pays développés connaissent un phénomène de vieillissement. Celui-ci n'est pas sans conséquences sur les économies et les sociétés de ces pays. Certaines de ces répercussions sont préoccupantes, mais il faut les relativiser.

DÉFINITION ET ORIGINES DU VIEILLISSEMENT

Le vieillissement désigne l'augmentation du poids des personnes âgées dans l'ensemble de la population.

Définition

Les contours de ce groupe des « personnes du troisième - voire du quatrième - âge » sont flous : il correspond aux personnes de plus de 65 ans, ou à celles de 60 ans et plus, voire de 55 ans pour le troisième âge et à celles de plus de 80 ans pour le quatrième âge. Si la fixation d'un seuil pour définir la vieillesse semble relever de l'arbitraire, c'est que le groupe des personnes âgées est constitué des inactifs. Or l'âge de la mise à la retraite n'est pas fixe et ne s'opère pas de manière uniforme, et la « génération du temps libre » est très hétérogène dans ses niveaux de vie et dans ses comportements. Quel que soit le seuil retenu, les pays développés subissent ce vieillissement. Ainsi, dans l'Europe à 15, les plus de 60 ans représentent en 2002 22,1 % de la population contre 15,5 % en 1960. En France, ces personnes représentent 20,7 % de la population totale en 2006 contre 16,7 % en 1960.

Les origines du vieillissement

Elles s'expliquent d'abord par l'allongement de l'espérance de vie. Ce vieillissement « par le haut » de la pyramide des âges est imputable aux progrès de la médecine et à ceux réalisés en matière d'hygiène et de prévention des maladies. Il est aussi lié au progrès des techniques améliorant la qualité et la conservation des aliments, à la transformation des pratiques nutritives et au développement du système de protection sociale. En même temps, la baisse de la fécondité au milieu des années 1960 (voir fiche 58), combinée à la réduction de l'immigration au cours des années 1970, pèse sur le bas de la pyramide, car elle limite la croissance du nombre de jeunes.

LES CONSÉQUENCES DU VIEILLISSEMENT

Des conséquences inquiétantes

Le vieillissement entraîne une augmentation des dépenses de santé, qui déséquilibrent les comptes de la branche maladie de la Sécurité sociale. Mais c'est surtout dans le domaine du financement des retraites que le vieillissement pose problème. En effet, l'augmentation du nombre de retraités est aujourd'hui plus forte que celle du nombre d'actifs occupés. Or, dans le système de retraites par répartition, les pensions de retraite sont financées par un prélèvement sur les revenus des actifs occupés. Dans la mesure où les enfants du baby-boom arriveront à l'âge de la retraite à partir de 2005, alors même que les générations qui entreront sur le marché du travail seront peu nombreuses, la charge des inactifs qui pèsera sur les actifs occupés sera forte.

En France, la réforme des retraites engagée en 2003, prévoit essentiellement un allongement progressif de la durée de cotisation nécessaire pour une retraite à taux plein. Elle prévoit aussi l'introduction d'un système de retraite par capitalisation sous la forme d'un plan épargne retraite. La plupart des pays européens ont adopté, avant la France, des mesures du même type. Mais avec une entrée plus tardive sur le marché du travail et une augmentation de la précarité de l'emploi, allonger la durée de cotisation aboutit à reculer à un âge avancé le départ à la retraite ; à moins que ne soit sérieusement amputé le revenu des futurs retraités qui cesseront leur activité à 60 ans.

Enfin, le vieillissement risque d'amoindrir le dynamisme économique, social et culturel du pays. Les personnes âgées ont généralement une moindre mobilité géographique et une plus faible productivité liée à l'affaiblissement de leur vitalité et de leur capacité à s'adapter aux innovations. Par ailleurs, leur propension à consommer est moins forte que celle des actifs. En effet, si la situation financière des personnes âgées s'est améliorée depuis les vingt dernières années, notamment grâce au patrimoine qu'elles ont pu se constituer, il reste que l'essentiel de leurs ressources est constitué de transferts sociaux, en particulier des retraites, et que celles-ci sont, en moyenne, inférieures de près de 20 % au salaire mensuel moyen net. À moyen terme, il pourrait en résulter une contraction de la demande globale, donc un ralentissement de la production.

Des effets à nuancer

Les revenus du troisième âge jouent cependant un rôle économique important. Ayant satisfait une bonne partie de leurs besoins matériels, notamment en équipement immobilier et mobilier, certaines personnes âgées disposent d'un potentiel d'épargne qui participe au financement des investissements. Par ailleurs, une grande partie des dépenses des plus de 65 ans est consacrée à la vie domestique, à la santé et aux loisirs, dépenses stimulant la croissance économique et source de nombreuses créations d'emplois. Enfin, les personnes âgées constituent la mémoire vivante de notre société et participent activement à la vie sociale au sein de la famille ou des associations.

TAUX DE DÉPENDANCE DES PERSONNES ÂGÉES (%)

Cet indicateur est le ratio entre le nombre total de personnes âgées ayant atteint un âge auquel elles sont généralement économiquement inactives (65 ans et plus) et le nombre de personnes en âge de travailler (de 15 à 64 ans).

NB : les chiffres indiqués pour les années 2005 à 2050 sont prévisionnels.

	1995	2000	2005	2010	2015	2020	2025	2030	2035	2040	2045	2050
UE (25 pays)	22,1	23,4	24,9	26,3	28,9	32,1	35,7	40,3	44,8	48,5	51,0	52,8
UE (15 pays)	23,0	24,3	25,9	27,5	30,1	32,8	36,3	41,2	46,3	50,0	52,0	53,2
France	23,0	24,6	25,3	25,9	29,5	33,2	36,9	40,7	44,1	46,9	47,2	47,9

Source : Eurostat.

60 CONSOMMATION, NIVEAUX ET MODES DE VIE

Définie simplement, la consommation des ménages est l'utilisation de ressources rares par la population afin de satisfaire des besoins vitaux ou superflus. Elle occupe de nos jours environ 60 % de la richesse créée par l'économie française. Quels sont ses déterminants ? Quel rôle social la consommation joue-t-elle ?

LES DÉTERMINANTS DE LA CONSOMMATION DES MÉNAGES

Les déterminants économiques

L'idée que le niveau de vie d'une population influence directement sa consommation remonte aux premiers travaux statistiques sur la consommation publiés au XIXe siècle, notamment la célèbre étude des budgets ouvriers par E. Engel. Celui-ci formule la loi suivante : quand le revenu s'accroît, la part des dépenses alimentaires dans le budget des ménages diminue. L'analyse microéconomique du consommateur confirme qu'une augmentation du revenu permet d'alléger la contrainte budgétaire, d'acquérir davantage de biens et de services et, en définitive, de diversifier la consommation (d'où la loi d'Engel). Des baisses de prix parviennent d'ailleurs à des résultats proches en améliorant le pouvoir d'achat des ménages.

Les déterminants sociologiques

La consommation est également fonction de la classe sociale, en d'autres termes de la place occupée par les individus dans les rapports de production. De même, les différences

ÉQUIPEMENT DES MÉNAGES EN MULTIMÉDIA SELON LA PCS* EN 2004

Catégorie socioprofessionnelle	Téléviseur couleur	Magnétoscope	Téléphone fixe	Téléphone portable	Micro-ordinateur non portable	Micro-ordinateur portable	Internet
Agriculteurs exploitants	96,0	75,4	97,5	73,1	54,9	10,6	47,8
Artisans, commerçants, chefs d'entreprise	94,5	77,1	90,0	80,8	55,1	7,9	37,7
Cadres et professions intellectuelles supérieures	92,1	79,3	94,4	86,3	71,6	24,7	66,9
Professions intermédiaires	91,4	78,1	87,5	86,3	64,5	11,5	50,5
Employés	93,7	74,1	77,5	81,8	45,1	7,1	31,1
Ouvriers (y compris ouvriers agricoles)	96,6	78,2	75,9	78,2	39,8	3,1	21,6
Retraités	97,6	59,1	95,8	42,6	17,0	2,5	11,4
Autres inactifs	79,5	38,0	38,1	86,4	38,4	17,2	26,7
Ensemble	**94,8**	**70,6**	**86,5**	**69,6**	**41,4**	**7,8**	**30,3**

* Profession et catégorie socioprofessionnelle.

Source : INSEE, Enquête permanente sur les conditions de vie, 2004.

de statuts professionnels peuvent expliquer l'absence de tendance au nivellement des consommations; les non-salariés font, par exemple, souvent des dépenses plus somptuaires que les salariés pour soigner leur image professionnelle. Plus récemment, Pierre Bourdieu a montré que certaines pratiques sociales, dont l'acte de consommation, sont fonction des habitudes dans le comportement (« habitus »), que ces dernières découlent à la fois de l'histoire personnelle des individus et de leurs milieux sociaux d'origine et d'arrivée. Bourdieu parvient à la conclusion suivante : les classes populaires sont animées dans leurs choix de consommation par un souci utilitariste qui s'oppose au souci de paraître des classes moyennes.

Par ailleurs, plus les individus appartiennent à des milieux sociaux proches (cadres supérieurs et professions libérales par exemple), plus leur culture et leurs habitudes sont communes et plus leurs pratiques de consommation vont se ressembler. Ainsi, sans écarter le revenu, Bourdieu intègre le facteur culturel comme facteur explicatif principal des différences de consommation.

LA CONSOMMATION COMME ACTE SOCIAL

La consommation, signe d'appartenance à un groupe social

La thèse du modèle diffusionniste, défendue par John Duesenberry, considère que chaque catégorie a tendance à imiter le modèle de consommation des catégories les plus aisées. Pour Duesenberry, la consommation est fondée sur l'imitation : le groupe leader, les « A » (cadres et professions libérales), constitue un « modèle » (une référence). Il trace la voie aux « non-A » (tous les autres groupes), qui cherchent à l'imiter et copient ses dépenses dès qu'ils le peuvent.

La consommation, instrument de différenciation sociale

En 1899, l'économiste américain Thorstein Bunde Veblen montre qu'à revenu identique, deux individus peuvent ne pas avoir la même consommation, car celle-ci n'a pas la même fonction pour eux. Selon Veblen, un individu est « arrivé » socialement lorsqu'il présente deux caractéristiques : il dispose, d'une part, d'une aisance financière et, d'autre part, de loisirs importants, c'est-à-dire qu'il peut consommer son temps de façon improductive. Il s'agit donc, pour ce type d'individu, d'adopter un comportement démontrant par des « consommations ostentatoires » qu'il dispose de temps libre et d'argent. Il affirme ainsi son appartenance à la « classe de loisirs » (la bourgeoisie commerçante et financière de l'époque selon Veblen). Il cherche alors à se distinguer en gaspillant des ressources monétaires et temporelles, gérées, au contraire, de façon productive et rationnelle par la classe laborieuse (ouvriers, techniciens, ingénieurs...).

Les consommations ostentatoires

Inventée par Veblen, l'expression de « consommations ostentatoires » est restée pour les produits pour lesquels il n'existe pas de relation inverse entre prix et quantités demandées : plus ils sont chers, plus leur demande augmentera, car un nombre croissant d'individus sera exclu de leur consommation. Ces produits possèdent un fort pouvoir de différenciation sociale (biens de luxe, voyages lointains...).

61 LES PRATIQUES CULTURELLES DES FRANÇAIS

Les enquêtes réalisées sous l'égide du ministère de la Culture montrent que les pratiques culturelles des Français se sont profondément modifiées pendant le dernier quart du XXe siècle. De nouvelles formes sont apparues, mais des disparités sociales persistent malgré une indéniable démocratisation.

L'ÉVOLUTION DES PRATIQUES CULTURELLES

L'audiovisuel contre le livre

Depuis la première enquête de 1973, les pratiques culturelles ont été profondément remaniées en fonction des évolutions technologiques du matériel d'équipement culturel. En effet, les Français se sont massivement dotés d'équipements audiovisuels : apparition de la télécommande, du baladeur, ou de la platine laser dans les années 1980; généralisation de ces équipements avec une multipossession plus fréquente et arrivée du micro-ordinateur multimédia dans les années 1990. Olivier Donnat qualifie cette évolution de « déplacement du centre de gravité des pratiques culturelles vers le pôle audiovisuel ». Une conséquence immédiate est la porosité croissante entre les activités culturelles et de loisirs, entre « le monde de l'art et celui du divertissement ».

La concurrence de l'audiovisuel a contribué à disqualifier le livre comme mode d'accès principal à la connaissance, et ce de plusieurs manières. D'abord, lecture et usage de l'audiovisuel sont directement concurrents dans l'emploi du temps; ensuite, le livre a été désacralisé avec la démocratisation de l'enseignement et peut même être devenu un objet strictement utilitaire et rébarbatif dans l'esprit des jeunes générations; enfin, il est techniquement dépassé par les médias électroniques pour ce qui est de la vitesse d'obtention de données. Ainsi la quantité de livres lus diminue : en 2005, 15 % des Français ont lu un livre ou plus par mois, contre 30 % en 1999. La lecture des journaux accuse aussi une baisse régulière : en 2005, 34 % des Français lisent un quotidien tous les jours contre 55 % en 1973.

Démocratisation et diversification de l'offre culturelle

Les politiques de démocratisation de la culture démarrent dans les années 1960 et commencent à porter leurs fruits. En effet, les pratiques amateurs se sont massifiées depuis les années 1970, grâce à la création de nombreuses écoles d'arts, associatives ou publiques, par exemple les écoles municipales de musique. Les années 1990 voient le développement des médiathèques, qui contribuent à la diversification de l'offre culturelle en proposant non seulement des livres, mais aussi des CD, des CD-Rom, des magazines, des cassettes vidéo ou des DVD. Les efforts entrepris pour ouvrir le patrimoine aux Français (durant les journées du patrimoine par exemple) ont également permis la découverte de musées, d'édifices ou de lieux historiques. En outre, on assiste depuis le début des années 1980 à un processus de « culturalisation » d'activités de loisirs. Des pratiques considérées naguère comme de loisirs, voire déviantes, ont voix au chapitre et obtiennent une reconnaissance officielle, en particulier à la suite des actions de Jack Lang. Appartiennent à ces pratiques la lecture de BD, les arts de la rue, les festivals « off », les spectacles son et lumière...

DES DISPARITÉS SUBSISTENT CEPENDANT

○ En fonction de l'âge

Pour chaque génération, les jeunes constituent le groupe social qui porte les innovations en matière de pratiques culturelles. Dans les années 1970, ce sont eux qui adoptent le rock et contribuent d'ailleurs toujours à son succès. Dans les années 1980, ils sont précurseurs pour l'usage de la télécommande (le zapping) ou du baladeur. Dans les années 1990, ils s'emparent de l'informatique domestique et surfent davantage sur Internet, tout comme ils exploitent mieux les possibilités offertes par le câble et le satellite en matière de télévision.

○ En fonction du niveau de formation et de la PCS

Le tableau ci-dessous montre que la prédominance du capital culturel demeure pour pratiquement toutes les activités de ce domaine. Pour résumer, les plus diplômés sont les plus gros consommateurs de produits culturels et les plus nombreux à pratiquer des activités liées à la culture. L'appartenance à une PCS (profession et catégorie socioprofessionnelle) étant fortement corrélée avec le niveau de diplôme pour les plus vieux, rien d'étonnant à ce que les membres des PCS de travailleurs manuels (agriculteurs, ouvriers) et les employés non qualifiés soient quasiment exclus du champ culturel. L'occupation du temps est pour eux davantage structurée autour des loisirs et des distractions (télévision). Les travailleurs non manuels (cadres, professions libérales, professions intermédiaires administratives et de l'enseignement, employés qualifiés) ont des pratiques plus fréquentes et plus diversifiées, quel que soit l'indicateur retenu. Il est indéniable que l'obstacle des moyens demeure : par exemple, quatre fois plus de cadres que d'ouvriers non qualifiés jouent du piano, alors que ces derniers sont deux fois plus à jouer de la flûte !

FRÉQUENCE DES PRATIQUES CULTURELLES À L'ÂGE ADULTE SELON LA PCS EN 2005 (%)

Au moins une fois au cours des douze derniers mois	Lecture de livres	Cinéma	Musée ou exposition	Théâtre	Concert, spectacle	Écoute de la radio	Écoute de CD, disques, cassettes
Ensemble	**58**	**47**	**39**	**16**	**31**	**87**	**75**
Agriculteur	31	33	34	11	33	85	57
Indépendant	49	42	40	20	28	91	73
Cadre et profession libérale	83	76	66	36	50	95	91
Profession intermédiaire	70	68	52	25	46	96	90
Employé	63	51	38	12	29	91	86
Ouvrier	32	35	25	6	22	91	76
Chômeur	51	48	34	11	31	86	86
Étudiant, élève	77	88	50	20	43	88	96
Retraité	52	22	34	14	20	78	47
Inactif et femme au foyer	53	31	30	10	24	77	69

Source : INSEE, Enquête permanente sur les conditions de vie.

62 L'UNIFORMISATION CULTURELLE

L'uniformisation culturelle peut être comprise dans deux sens différents. Il peut s'agir du processus mettant fin à l'existence de cultures de classe ou du processus d'uniformisation des cultures au niveau planétaire, conséquence de la mondialisation, sonnant le glas des spécificités culturelles nationales.

CULTURE DE MASSE VERSUS CULTURE DE CLASSE

Dans les années 1960, Edgar Morin a défendu l'idée qu'une culture de masse était en train d'apparaître.

Une culture uniforme en phase avec la « moyennisation » de la société

Depuis les années 1980, la démocratisation de l'enseignement a pu renforcer cette massification des pratiques culturelles en dotant les générations les plus jeunes de repères culturels proches, pouvant ainsi contribuer à combler une partie des inégalités face aux savoirs. Enfin, conformément aux thèses exposées par Henri Mendras, le développement du « ventre mou » de la société, avec l'expansion des classes moyennes salariées, a pu également favoriser un rapprochement des pratiques, voire des systèmes de valeurs et de normes des différentes catégories sociales.

Des différenciations culturelles toujours vivaces

L'idée que la culture de chaque groupe social reflète les rapports conflictuels existant dans la sphère productive peut être attribuée à Karl Marx. Ainsi, la culture des prolétaires s'oppose point par point à celle de la bourgeoisie : l'une est définie en creux par rapport à l'autre. Cette opposition entre ces deux modèles culturels est la transposition de la lutte des classes dans le champ de la culture. La culture dominée est alors une culture de contestation, traduisant la volonté de résistance du groupe dominé face à la culture imposée comme légitime par le groupe dominant.

Pour Pierre Bourdieu, la lutte entre les deux cultures est symbolique, mais tout aussi avantageuse pour la classe dominante. Les membres de ce groupe vont tenter d'imposer leur modèle culturel comme norme légitime. Pour ce faire, ils utilisent l'école, qui devient un outil pour organiser et légitimer leur domination culturelle sur les classes dominées. Ainsi, le latin a longtemps fait partie du bagage de l'honnête homme (supplanté par les mathématiques dans le dernier quart du XXe siècle), tandis que les travaux manuels étaient relégués à un rang secondaire. Le groupe social dominant adopte alors une stratégie de distinction, sans cesse renouvelée pour éviter l'imitation, afin d'affirmer son modèle culturel et de maintenir à l'écart le groupe dominé.

VERS UNE UNIFORMISATION CULTURELLE MONDIALE ?

La mort annoncée des spécificités culturelles nationales

La thématique de l'uniformisation culturelle est indissociable de la mondialisation des échanges et de la production. Pour accroître leurs parts de marché, les entreprises multinationales ont besoin de produire en grandes séries des produits standardisés afin d'amortir les coûts de recherche et développement. Elles doivent parvenir à façonner un modèle unique de consommateur à l'échelle mondiale, en éliminant l'obstacle que représentent des goûts nationaux trop marqués. De plus, les moyens de communication de masse sont indispensables pour atteindre cet objectif.

Comme le cinéma, la télévision et les réseaux de communication sont dominés par les Américains, c'est d'un processus d'américanisation du monde dont il est question, imposant l'anglais comme langue mondiale, ainsi que les techniques et les conceptions américaines : les activités culturelles deviennent de simples divertissements, où doit régner la loi du marché.

Ce « rouleau compresseur » constitue une menace pour les produits et les cultures locales dans la mesure où les médias deviennent de simples outils de propagande au service des intérêts des groupes industriels et financiers.

Les cultures locales font de la résistance !

Cependant la partie est loin d'être gagnée pour Mac World ! En effet, les artistes et acteurs de la vie culturelle ont obtenu en Europe le statut d'exception culturelle dans les échanges internationaux. Ces activités permettant la construction des identités nationales, les lois de la libre concurrence ne leur sont pour l'instant pas appliquées.

De plus, lorsque des habitudes ou des produits étrangers arrivent dans les civilisations, ils font l'objet d'un processus d'acculturation par les autochtones, qui s'en emparent et l'adaptent à leur modèle culturel. Par exemple, un McDonald's servant de la nourriture casher est-il toujours le symbole de l'impérialisme américain, ou plutôt une version israélite de la restauration rapide ?

Enfin, la culture est acquise au cours du processus de socialisation. Or, les valeurs et les normes de groupes successifs d'appartenance sont déterminées par l'histoire et la tradition de chaque civilisation. Un emprunt à une culture allogène ne remet pas radicalement en cause le modèle culturel national; il permet le métissage comme l'attestent les pratiques ou produits qui viennent par exemple de pays du tiers-monde et qui enrichissent aujourd'hui la culture des pays développés.

Un Agenda 21 de la Culture

Le 8 mai 2004, à Barcelone, l'UNESCO a adopté un texte intitulé « Agenda 21 de la Culture ». Il s'agit d'un engagement des collectivités locales en faveur de la diversité culturelle, déjà bien ancrée dans les thèses défendues par l'UNESCO. Il s'agit de considérer avec un intérêt égal les cultures des différentes populations, de permettre leur survie et même leur développement et de leur donner à toutes des moyens d'expression (diffusion de spectacles, expositions, enseignement d'une langue, alimentation spécifique...). La diversité culturelle apparaît ainsi comme « pour le genre humain autant nécessaire qu'est la biodiversité dans l'ordre du vivant » (Déclaration universelle de l'UNESCO sur le diversité culturelle – article 1). L'agenda 21 de la Culture est un outil pour les collectivités qui souhaiteraient s'engager dans cette voie, afin qu'elle disposent d'un socle pour élaborer leur politique culturelle.

63 LA SOCIÉTÉ DE L'INFORMATION

Depuis la fin du XXe siècle, les innovations dans les TIC (technologies de l'information et de la communication) ont permis le développement de nouveaux outils. Leur adoption par un nombre croissant de ménages et d'entreprises bouleverse les modes de vie et l'organisation des tâches productives.

L'ÉMERGENCE D'UNE SOCIÉTÉ DE L'INFORMATION

Les TIC ont mis en route une véritable révolution des modes de vie et de production.

Une transformation des modes de vie

Les effets des TIC peuvent être différenciés selon leur nature. Ainsi, le courrier électronique constitue-il un moyen pour communiquer plus facilement. L'usage de la téléphonie sous IP et des webcams prolonge ces apports. De plus en plus de démarches, commerciales ou administratives, peuvent également être traitées via Internet. Enfin, l'utilisation des moteurs de recherche permet d'accéder à une masse énorme de données. Cette disponibilité de la connaissance bouleverse le rapport au savoir, qui nécessitait auparavant un effort d'apprentissage afin de l'intérioriser : outre la remise en cause de la valeur travail véhiculée par ce libre accès, celui-ci expose à une dépendance technologique qui peut mettre dans l'embarras le jour où on ne peut plus en disposer. Par ailleurs, cette disponibilité du savoir et des œuvres artistiques téléchargeables gratuitement peuvent aussi donner l'illusion que ces produits n'ont pas de coût et que leurs créateurs n'ont pas besoin d'être rémunérés en contrepartie de leurs efforts. En définitive, nombre de pratiques et de valeurs sont mises à mal par la société de l'information.

Les jeunes et le téléphone portable

La volonté de ne pas choisir se retrouve dans la pratique du téléphone chez les jeunes. On peut la décrire à travers un exemple, celui de l'organisation de la sortie du soir. Pour être sûrs de trouver la meilleure opportunité, ces jeunes passeront leur après-midi à rester en contact à l'aide d'une série de coups de téléphone rapides et choisiront donc le plus tard possible leur destination pour la soirée. [...] On peut observer avec le mobile, cette « logique de l'alternative permanente ». Il s'agit d'être en situation de ne rien rater, c'est-à-dire à l'écoute (branché) et en disposition de commuter immédiatement (zapper).

Patrick Flichy, « La société de la Communication », Cahiers Français, n° 326, juin 2005.

Une mutation des organisations productives

L'intégration des TIC dans les entreprises leur permet de répondre à des exigences accrues de flexibilité. Au niveau de la fabrication, l'introduction des ordinateurs a permis de réaliser des gains de productivité. Cette version high tech du machinisme a les mêmes effets négatifs sur le nombre d'emplois, mais elle entraîne aussi une élévation du niveau de compétences demandées aux salariés, ce qui est préjudiciable pour les technophobes. De plus, les

TIC se traduisent par une déqualification de nombreux travailleurs qui ne maîtrisent plus un métier exigeant des savoir-faire spécifiques : leur rôle est désormais de traiter les informations à l'aide d'un outil où toutes les situations ont été paramétrées. Enfin, les TIC permettent un contrôle accru de la hiérarchie. Il est d'ailleurs notable que les thématiques du mal être au travail se soient développées parallèlement à la propagation de ces nouveaux outils.

LES RISQUES DE LA SOCIÉTÉ DE L'INFORMATION

La remise en cause des liens sociaux traditionnels

Les TIC permettent à la fois de renforcer l'anonymat des relations (chat, forums sur Internet) tout en offrant la possibilité de construire des réseaux virtuels, informels et superficiels. Paradoxalement, Internet permet aussi une mise en scène de sa vie (blog) et autorise à exposer son intime au public, en s'appuyant sur une sorte de voyeurisme, qui fait la fortune des émissions de télé réalité et de plateaux, où tout à chacun peut déballer ses soucis, comme pour une « thérapie » médiatique. La forte croissance de l'offre de programmes télévisuels et la diffusion des DVD contribuent à transformer les modes de consommation de produits culturels qui s'opèrent plus souvent à domicile (seul ou en famille) et moins au travers de pratiques liées à une sociabilité (cinéma). Les contacts réels avec les autres se raréfient au fur et à mesure que les contacts virtuels se multiplient.

Les « fractures numériques »

L'usage des TIC s'est diffusée rapidement mais reste doublement différencié: entre catégories sociales et entre habitants des pays riches et pauvres. On retrouve pour Internet et l'ordinateur les mêmes clivages que pour les autres biens : sont les mieux équipés les cadres (8 sur 10 contre 1 sur 2 chez les ouvriers), les diplômés de l'enseignement supérieur (71 % de connectés contre 11 % chez les non diplômés), les plus jeunes, les urbains, les mieux rémunérés... En dépit d'une baisse des prix du matériel et de la concurrence entre opérateurs et fournisseurs d'accès, le Web reste hors de portée pour une partie de la population. On retrouve également ces inégalités au niveau international : les pays les plus riches sont ceux où l'usage des TIC est le plus courant, et les plus pauvres en sont largement dépourvus. Dans les zones rurales pauvres, où la survie est déjà parfois problématique, les TIC ont souvent rejoint l'éducation au rayon des réalisations impossibles.

L'ESSENTIEL EN CHIFFRES

30 % des adultes sont abonnés chez plusieurs opérateurs de téléphonie fixe
7 Français sur 10 ont un téléphone mobile
57 % de la population se sert d'un ordinateur
73 % des ordinateurs sont reliés à Internet
39 % des plus de 18 ans ont Internet à domicile
48 % des personnes n'utilisant jamais un ordinateur ont plus de 60 ans
85 % des personnes n'utilisant jamais un ordinateur n'ont pas le bac

Source : Alternatives économiques, *hors série, n° 69, 3ᵉ trimestre 2006.*

64 L'IMMIGRATION

Depuis une vingtaine d'années, l'immigration est devenue un enjeu politique reflétant les angoisses d'une population fragilisée par la crise économique. Cependant, les craintes et parfois la haine suscitées par les immigrés sont le produit de fantasmes projetés sur une population peu connue.

LA FRANCE : UNE TERRE D'IMMIGRATION

Il faut distinguer les causes de l'immigration. Jusqu'à la fin des années 1970, les raisons sont essentiellement économiques. Depuis la décision de suspendre l'immigration en 1974, les motifs ont changé : regroupement familial, mais surtout études et causes politiques constituent les motivations essentielles de l'immigration aujourd'hui. Cette évolution a modifié la composition sociologique d'un groupe qui s'enrichit d'une population d'origine plus urbaine qu'autrefois.

Immigrés et étrangers

Il existe une grande confusion quant au sens du terme « immigré ». Si l'on prend le cas de la France, les immigrés regroupent la population vivant en France et née à l'étranger. Certains peuvent être étrangers, d'autres, après naturalisation, deviennent français. Par ailleurs, les enfants d'immigrés nés en France sont, généralement, français. Ils ne peuvent donc être inclus dans la population immigrée. En outre, les immigrés ne constituent pas un groupe homogène, non seulement du fait de leur nationalité, mais aussi de par leur origine sociale. Les migrants venant des pays du Maghreb sont plutôt d'origine paysanne, alors que ceux provenant d'Asie du Sud-Est ont, plus souvent, un père artisan ou commerçant.

Les immigrés en France

Depuis 1975, la part des immigrés dans la population est restée stable mais l'immigration connaît de profonds changements : les entrées pour motif familial ont augmenté ; la population s'est féminisée (les femmes représentent la moitié des immigrés aujourd'hui contre 45 % en 1946) ; les immigrés proviennent de pays de plus en plus lointain (Afrique subsaharienne, Turquie, Asie). Ils continuent à occuper en majorité des emplois non qualifiés mais de plus en plus d'immigrés occupent des positions professionnelles intermédiaires.

Source : INSEE Première, *n° 1042, septembre 2005.*

La politique d'immigration

L'immigration est à la fois un problème économique, démographique et politique. En effet, il s'agit de compenser la faible fécondité à un moment où le développement de l'industrie requiert une main-d'œuvre de plus en plus nombreuse. Au cours de la seconde moitié du XIXe siècle, il est fait appel à une population provenant de pays limitrophes comme la Belgique et l'Italie. Une deuxième grande vague d'immigration a lieu après la Première Guerre mondiale. Les Italiens restent les plus nombreux, mais, fait nouveau, on recourt, pour la première fois, à une population non frontalière, les Polonais. Au début des années 1930, les étrangers représentent 6,4 % de la population française, ce qui fait de la France le premier pays d'immigration au monde relativement à sa population. Une nouvelle vague survient au cours des années 1950, composée de Portugais et de Maghrébins.

Si l'immigration est une nécessité, elle devient une affaire d'État dès 1850. Jusqu'aux années 1930, c'est une société privée, la Société générale d'immigration, qui est chargée de recruter les étrangers en fonction de la demande des entreprises. Après la Seconde Guerre mondiale est mis en place l'Office national d'immigration (qui deviendra plus tard l'OMI) qui obtient le monopole de l'introduction de travailleurs étrangers sur le territoire national. Depuis 1974, l'immigration est, en principe, suspendue.

LA POPULATION IMMIGRÉE, UNE POPULATION MAL CONNUE

La question du racisme

Quelle que soit leur origine, les immigrés ont toujours été victimes de la xénophobie, surtout en temps de crise. À la fin du siècle dernier, les Belges sont qualifiés de « vermine » et on fustige leur comportement violent et leur sexualité exacerbée, comme pour les Arabes et les Noirs africains aujourd'hui. Les Italiens sont pourchassés dans le sud de la France. Chaque nouveau mouvement d'immigration facilite l'intégration des générations précédentes, mais dans le même temps, on affirme que les nouveaux arrivants ne pourront s'intégrer, car leur culture est trop éloignée de la culture française. Ce fut le cas des Italiens (« les ritals »), des Polonais (« les polaks »), etc.

L'immigration, un phénomène inéluctable

En conclusion de son dernier ouvrage (*Le temps des immigrés,* La République des idées, Seuil, 2007), le démographe François Héran insiste sur le caractère inéluctable de l'immigration : « Le brassage des populations est en marche et rien ne l'arrêtera. Il n'y a pas à se demander s'il faut être pour ou contre : ce serait aussi vain que de se demander si nous devons être pour ou contre le vieillissement. La seule question qui vaille est de savoir comment le réaliser dans les meilleures conditions. »

L'intégration des immigrés

En temps de crise, la question de l'immigration devient politique et sociale. En effet, les immigrés sont le plus souvent considérés comme un facteur de désintégration des liens sociaux du fait de leur incapacité à intégrer le mode de vie du pays d'accueil. La question est de savoir si, dans une République qui se proclame « une et indivisible », il est possible d'accepter une population avec des caractéristiques spécifiques. S'il est d'usage d'opposer l'intégration à l'assimilation, l'opposition des termes masque un débat idéologique, car l'« assimilationnisme » est le plus souvent considéré comme une résurgence du colonialisme. En fait, les études réalisées par l'Institut national des études démographiques (INED) mettent en avant la notion d'assimilation définie comme la réduction des spécificités des pratiques sociales, culturelles et religieuses. Les résultats des différentes enquêtes montrent que l'assimilation est une réalité qui recouvre l'ensemble des pratiques sociales des immigrés à l'exception de la population d'origine turque.

65 LES CHANGEMENTS DANS LES VALEURS RELIGIEUSES

Depuis trente ans, le paysage religieux de la France s'est transformé, certains parlant de déchristianisation. Il faut nuancer cette analyse, car ce mouvement caractérise la plupart des démocraties libérales contemporaines et, dans certains pays, on assiste même à un retour du religieux.

LA PRIVATISATION DES CROYANCES

La sécularisation de la société

Pour Max Weber (voir la fiche 1), une caractéristique majeure des sociétés occidentales est la soumission à une vision du monde qui représente les phénomènes naturels d'une manière scientifique, éliminant ainsi les mythes et les croyances religieuses. L'analyse du sociologue allemand se trouve confirmée par le processus de privatisation des croyances et des pratiques religieuses.

Cette sécularisation de nos sociétés peut être définie comme le mouvement qui tend, à long terme, à retirer aux églises certaines de leurs fonctions traditionnelles comme l'éducation, la santé, le caritatif, etc. Commencé dès la Révolution de 1789, ce processus connaît un point culminant avec, en 1905, la séparation de l'Église et de l'État. La laïcité est proclamée valeur essentielle de la République et la religion devient une affaire privée, ce qui induit la reconnaissance de la pluralité religieuse.

Le déclin des valeurs religieuses

On observe en France une tendance à la baisse des valeurs religieuses chez les jeunes. La religion est choisie comme l'élément le plus important dans la vie par 8 % des 16-29 ans et par 23 % des plus de 50 ans. La croyance en l'existence de Dieu est moins fréquente chez les jeunes et les plus instruits, même si elle reste très fréquente (51 % des jeunes Français). La religion n'est perçue comme ayant un sens que si elle apporte le bonheur, c'est ainsi qu'on croit plus au ciel qu'à l'enfer et qu'on tend à croire plus à la vie après la mort. Pour le sociologue français Raymond Boudon (*Déclin de la morale ? Déclin des valeurs ?* PUF, 2002), « une notion a d'autant plus de chance de se maintenir qu'elle peut plus facilement recevoir une interprétation symbolique et immanentiste, et qu'elle est porteuse d'un message d'espoir ou de bonheur ». Aujourd'hui, les valeurs religieuses sont des valeurs parmi d'autres et ne constituent plus le fondement de l'ensemble des valeurs.

La désinstitutionnalisation du religieux

Si la croyance, notamment pour les catholiques, reste forte, c'est surtout la pratique qui connaît un déclin important. Or la pratique religieuse associe les croyants à l'institution et à la communauté des fidèles. En outre, sur un certain nombre de problèmes éthiques, les recommandations de l'Église ne sont pas suivies et la parole du pape n'est plus considérée comme sacrée, en particulier sur la question des relations sexuelles (préservatif, contraception et avortement…), comme si les croyants se constituaient leur propre morale en dehors de l'institution religieuse. Cette désinstitutionnalisation n'est pas propre à l'Église catholique, et elle concerne l'ensemble des institutions sociales.

LE RETOUR DU RELIGIEUX ?

Une plus grande flexibilité dans l'adhésion religieuse

Si on assiste dans toutes les sociétés européennes à un déclin du religieux, il ne concerne pas de la même manière l'ensemble des croyances. En particulier, on note un fort attachement à l'enterrement religieux et à l'affirmation d'une vie après la mort. On constate même une stabilisation de ces croyances pour les générations nées après le baby-boom. En outre, la croyance en la réincarnation est en légère hausse chez les jeunes.

De même, se développent nombre de « croyances parallèles » : croyances dans les horoscopes, la voyance, les porte-bonheur qu'il ne faut pas confondre avec l'adhésion aux sectes. Il en existerait en France 800 d'importance diverse. Cependant, la lutte contre les sectes, concrétisée par la création d'une commission d'enquête à l'Assemblée nationale en 1995, peine à définir la notion même de secte. Selon le rapport des parlementaires, les sectes sont caractérisées par leur « dangerosité : déstabilisation mentale, caractère exorbitant des exigences financières, embrigadement des enfants, discours plus ou moins antisocial ». En 1998 s'est aussi créée la Mission interministérielle de lutte contre les sectes (MILS), remplacée en 2002 par la Mission interministérielle de vigilance, de lutte contre les dérives sectaires (MIVILUDES).

> **Le syncrétisme religieux**
>
> La commission parlementaire d'enquête sur les sectes avait dégagé en 1995 13 grandes familles de sectes : les alternatives, les apocalyptiques, les évangéliques, les guérisseuses, les néo-païennes, les nouvel-âgiennes, les occultistes, les orientalistes, les pseudo-catholiques, les psychanalytiques, les sataniques, les syncrétistes, les ufologistes. Dans son deuxième rapport sur les sectes et l'argent, remis en 1999, la commission parlementaire note que si ces familles continuent d'exister, les sectes sont de plus en plus composites et mêlent allégrement pratiques et croyances.
>
> Dans son rapport 2005, le MIVILUDES note qu' « aucun secteur de nore territoire n'est épargné, qu'aucun type d'activité n'est à l'abri du risque sectaire, aucune entreprise, aucune famille ne peut avoir la certitude qu'à un moment donné elle ne se trouvera exposée à des dérives sectaires. »
>
> *Source : www.assemblee-nationale.fr*

La restructuration des croyances

Les analyses précédentes concernent la France, et plus généralement les pays européens. Aux États-Unis, la situation est différente.

L'érosion des religions chrétiennes, qui a commencé au milieu des années 1960, s'est arrêtée dans les années 1970. De plus, les écarts entre générations sont deux fois moins importants qu'en Europe.

L'offre religieuse a su s'adapter à la demande grâce à une plus grande diversité des églises. Issus du protestantisme, les courants pentecôtistes et évangéliques ont connu un fort développement. Ces courants sont centrés sur l'accomplissement personnel et établissent un lien direct avec la Bible et Jésus. Cette remise en cause d'institutions religieuses traditionnelles traduit non pas une sécularisation de la société américaine, mais une restructuration des croyances.

66 LE TEMPS LIBRE ET LA SOCIÉTÉ DE LOISIRS

Rompant avec les sociétés traditionnelles, les sociétés développées modernes ont coupé le lien entre travail et loisir. Ainsi, à l'univers de la contrainte s'oppose celui de la liberté, de la détente. L'accroissement du temps libre peut-il favoriser l'avènement de la « civilisation des loisirs » (Joffre Dumazedier) ?

LA RÉDUCTION DU TEMPS DE TRAVAIL N'INDUIT PAS FORCÉMENT UN TEMPS LIBÉRÉ

Le progrès technique favorise l'accroissement du temps libre...

Depuis le début du XXe siècle, dans la vie d'un adulte en France, le temps libre (c'est-à-dire celui qui reste après le temps consacré au travail, à la formation professionnelle et aux transports, aux tâches domestiques, au sommeil, à la toilette et aux repas, ainsi que celui consacré à la sociabilité) a été multiplié par cinq et représente en moyenne trois heures et demie du temps quotidien. Cette hausse est évidemment liée à celle de l'espérance de vie, mais elle est surtout favorisée par le progrès technique.

Grâce aux gains de productivité qu'il génère, celui-ci permet la baisse du temps de travail domestique et de travail rémunéré. Ainsi, pour les salariés des entreprises signataires d'accords de RTT, le passage aux 35 heures réduit leur temps de travail de 10 % et accroît celui de leurs loisirs d'une demi-journée par semaine.

... jusqu'à un certain point

La hausse du temps libre est relative : dans les sociétés industrielles, la baisse du temps de travail est utilisée à des activités de loisirs qui aboutissent à consommer de plus en plus de biens ou de services exigeant à leur tour davantage de travail. De plus, la baisse du temps de travail s'est accompagnée d'une intensification du rythme professionnel qui se répercute de plus en plus hors du lieu de travail. Pour certains cadres, cette évolution, que les nouveaux outils de communication (micro-ordinateur et téléphone portables) accélèrent, peut les empêcher de profiter du temps ainsi libéré. Le temps consacré aux loisirs devient lui-même un temps de plus en plus contraint par le culte du corps et celui de la performance. Paradoxalement, le souci de rentabiliser le temps engage chacun dans une course permanente après le temps, alors même qu'on en dispose davantage pour soi !

Le travail reste l'activité sociale centrale des sociétés développées

Alors que les loisirs apparaissaient autrefois comme la récompense de l'effort fourni au travail, ils semblent désormais davantage considérés comme un droit, ce qui s'inscrit dans l'émergence de valeurs individualistes et dans la volonté affichée par chacun de profiter pleinement de sa vie.

Pourtant les pays développés placent toujours le travail au centre de leur société ; celui-ci reste une valeur profondément ancrée dans les mentalités et la vie sociale demeure encore organisée autour du travail, même si le temps qu'on lui consacre est désormais minoritaire à l'échelle de la vie humaine.

LES LOISIRS MARQUÉS PAR UNE FORTE DISTINCTION SOCIALE

L'usage du temps de loisirs

Les Français accordent une partie importante de leurs loisirs aux pratiques audiovisuelles, et en particulier à la télévision à laquelle chaque individu consacre plus de deux heures par jour. La généralisation du magnétoscope, mais aussi celle du baladeur et de la platine laser, l'émergence de complexes cinématographiques et plus récemment l'arrivée du micro-ordinateur familial participent au même mouvement. Celui-ci s'est opéré au détriment de la lecture, notamment de la presse quotidienne, mais n'a pas pour autant freiné les sorties des Français. Ces derniers sortent plus fréquemment au restaurant, partent majoritairement en vacances et sont de plus en plus nombreux à faire partie d'une association (37 % des plus de 15 ans). Facilitée par la massification de l'éducation et par une offre plus importante, la fréquentation des lieux culturels (théâtres, musées, salles de concert...) est aujourd'hui supérieure à ce qu'elle était dans les années 1970. De plus, on constate une croissance des pratiques sportives depuis les années 1980 et un abandon des loisirs « traditionnels » centrés sur le foyer (tricot ou broderie) ou la famille (jeux).

Les inégalités : par sexe, par âge et par PCS

Si les dépenses de loisirs ont fortement augmenté, elles restent marquées par de profondes disparités sociales que les écarts de revenus expliquent en partie. La hausse du temps libre est elle-même très inégale; ainsi les salariés disposent-ils de trois quarts d'heure de moins par jour que la moyenne de la population. Parmi eux, les femmes sont encore plus pénalisées du fait d'un partage encore très inégal des tâches domestiques. Cependant, plus que la disponibilité temporelle, c'est l'appartenance à une catégorie sociale et le niveau d'instruction qui expliquent les disparités dans les pratiques culturelles, au bénéfice des cadres, des professions intermédiaires et des titulaires de diplômes élevés.

DES PRATIQUES DE LOISIRS DIFFERENCIÉES SELON LE SEXE ET L'ÂGE

Personnes qui déclarent n'avoir pas pratiqué au cours des douze dernier mois... (en %).

Âge/ sexe	Cinéma	Spectacle vivant	Visite	Manifestation sportive	Musique (écoute)
15-29 ans	16	60	51	58	4
30-39 ans	37	65	52	64	10
40-49 ans	48	69	50	67	19
50-59 ans	59	69	47	68	27
60-69 ans	67	70	50	79	37
70-79 ans	80	81	69	90	57
Sexe					
Femme	48	67	52	78	23
Homme	46	70	54	60	24
Ensemble	**48**	**68**	**53**	**70**	**23**

Source : INSEE, Enquête 2002 sur les conditions de vie des ménages, février 2004.

67

SPORT ET SOCIÉTÉ

Depuis les années 1970, le sport a conquis une place importante dans la vie sociale, relayé par les médias. Mais, même s'il semble devenir une norme culturelle d'un monde industriel en pleine mutation, le sport, miné par des affaires de dopage et de corruption, suscite de nombreuses interrogations.

LE MONDE DES SPORTS

Il existe une spécificité de l'organisation sportive. En effet, il s'agit de mettre en place des compétitions et de gérer des espaces sportifs. Cette organisation suppose l'intervention d'individus aux compétences diverses.

Les origines du sport moderne

Le sport moderne trouve son origine en Angleterre au cours de la seconde moitié du XIXe siècle. La première puissance économique et commerciale mondiale invente certaines activités physiques, comme le football, le rugby, l'athlétisme, le tennis, etc.

Ces inventions puisent leur origine dans des activités pratiquées au cours du Moyen Âge. Ces sports réinventés sont exportés vers les pays d'Europe sous la forme conçue en Grande-Bretagne. Mais les Anglo-Saxons ne se limitent pas à la résurrection d'activités déjà anciennes, ils exportent également les formes d'organisation de ces sports. À titre d'exemple, la Football Association va inspirer les fédérations nationales de football en Europe.

L'organisation du sport moderne

La formation des clubs et leur gestion quotidienne sont assurées par des bénévoles, alors que les entraînements exigent des qualités pédagogiques nécessitant des spécialistes, le plus souvent des professeurs de sport ou des entraîneurs diplômés.

Jusqu'aux années 1960, l'organisation est de type pyramidal avec, au sommet, le sport de haut niveau dominé par les organes nationaux ou olympiques. Les dirigeants restent marqués par la tradition du bénévolat, ce qui les rend insensibles à toute forme de rationalisation économique de l'organisation sportive, même ceux qui sont issus du monde des affaires.

Une classification des publics du foot

Certains sociologues se sont intéressés au profil des publics assistant aux matchs de football. Pascal Duret (*Sociologie du sport*, Petite Bibliothèque Payot, 2004) en distingue trois types :

- **Le pur spectateur.** Il vient au match pour voir du beau jeu et ne s'engage pas pour une des deux équipes en compétition.
- **Le supporter.** Il est partisan et il estime que la victoire de son équipe dépend de son engagement pendant la partie.
- **Le hooligan.** Il ne s'occupe pas de l'enjeu sportif mais il vient se donner en spectacle, d'où une dramatisation de son attitude qui peut prendre des formes d'agressivité extrême.

À la fin des années 1970 et au cours des années 1980, l'entrée de la télévision dans le monde des sports et la multiplication d'événements sportifs créés par des organisateurs privés ont remis en cause l'organisation traditionnelle du sport. Celui-ci devient un spectacle soumis à des contraintes économiques. Les dirigeants deviennent des managers qui voient dans le sport principalement une source de profit.

LA FONCTION SOCIALE DU SPORT

Les fonctions physiques et symboliques du sport

Pour comprendre le rôle du sport dans nos sociétés modernes, il faut en distinguer la fonction, pour ceux qui le pratiquent d'une part, et pour les spectateurs de l'autre.

Pour les premiers, le sport constitue un facteur de bonne santé physique et mentale. Même si on n'a jamais véritablement démontré ses bienfaits, la thèse selon laquelle le sport est source de bien-être fonctionne comme une véritable croyance, qui s'est diffusée dans toutes les catégories sociales.

Mais, pour les seconds, le sport fournit surtout une symbolique qui, grâce à ses héros et ses exploits, favorise l'identité sociale. En créant des figures héroïques et des faits mythiques, le sport favorise l'identification du commun des mortels à ces héros et ces faits.

En outre, le sport reflète la montée des valeurs de l'individualisme concrétisée par une hausse de la pratique des sports individuels.

Sports et structures sociales

La pratique sportive s'inscrit dans une société inégalitaire et elle ne peut que refléter ces inégalités. Mais on peut également penser que le sport produit des inégalités.

L'inégalité des chances devant la pratique sportive est illustrée notamment par la participation des femmes qui reste inférieure à celle des hommes.

On peut le comprendre historiquement, car la pratique sportive se répand à une époque où la femme est encore confinée dans son foyer. Mais cette inégalité est aussi le produit des représentations sur les femmes qui jouent sur l'antagonisme entre la féminité et le sport.

Sport et dopage

Depuis 1998, le Comité international olympique définit le dopage de la manière suivante : « Le dopage enfreint l'éthique du sport et de la science médicale. Le dopage consiste à administrer des substances appartenant à des classes interdites d'agents pharmacologiques et/ou utiliser diverses méthodes interdites. »

Le dopage répond à des considérations individuelles, le « dépassement de soi », et sociales, le « culte de la performance ». Si le dopage a été systématiquement utilisée dans les anciennes républiques socialistes d'Europe de l'Est pour des raisons de propagande politique (les résultats sportifs étaient un moyen de montrer la supériorité du système socialiste), la généralisation des pratiques dopantes a été aggravée par l'organisation économique du sport : les investissements financiers dans le sport de haut niveau suppose d'améliorer de manière continue les performances afin de rentabiliser ces investissements.

Source : Vincent Troger, « Sport et dopage. Perversion marchande ou rêve de surhumanité », Sciences humaines, *n° 180S, février 2007.*

68 LES ANALYSES DU CHANGEMENT SOCIAL

Le changement social est au cœur des préoccupations de la sociologie. En effet, la sociologie se constitue comme une science permettant de comprendre, à la fin du XIXe siècle, le passage d'une société rurale traditionnelle à une société industrielle moderne et aujourd'hui postmoderne.

L'ENTRÉE DANS LA MODERNITÉ

Tout au long du XIXe siècle, le développement industriel a favorisé la concentration de la population dans de grands centres urbains à un rythme plus ou moins rapide selon les pays, parallèlement à l'essor du capitalisme.

L'urbanisation

Ainsi avant la Première Guerre mondiale, les trois-quarts de la population étaient urbanisées en Grande-Bretagne, près de la moitié en Allemagne et à peine 40 % en France. Cette urbanisation a modifié les relations sociales dans les pays industrialisés et, selon le sociologue allemand Georges Simmel, favorisé l'individualisation. L'individu est libéré de son appartenance aux communautés de base du monde paysan (la famille, la paroisse, le village, le seigneur) et les relations sociales se nouent dans des cercles de sociabilité indépendants les uns des autres en fonction des centres d'intérêt de l'individu.

L'essor du capitalisme

Au XIXe siècle, l'essor industriel entraîne la transformation de la société féodale en société capitaliste. Marx l'explique par l'expropriation de la paysannerie (notamment par le mouvement des enclosures (appropriation des terres communales par les grands propriétaires fonciers) par la bourgeoisie.

L'écologie urbaine de l'école de Chicago

À la fin du XIXe siècle, la naissance de la sociologie aux États-Unis est fortement marquée par le réformisme social : le sociologue est considéré comme un expert au service du progrès social.

Chicago est une ville qui connaît un développement très important au cours de la seconde moitié du XIXe siècle : le nombre d'habitants passe de 5 000 en 1840 à 1 000 000 en 1890 (3 400 000 en 1930). Cette évolution s'explique principalement par l'afflux de migrants ruraux et d'immigrés. Cette ville est considérée comme un laboratoire social car son développement rapide se traduit par des émeutes opposant les diverses ethnies de la ville, celles-ci se regroupant dans différents quartiers de Chicago.

Robert Park (1864-1944), l'un des premiers chefs de file de l'école de Chicago développe la théorie de l'écologie humaine selon laquelle l'environnement au sein duquel vivent les individus et les groupes sociaux exerce une certaine influence sur leurs comportements. Mais à la différence de la communauté végétale, la communauté humaine a la capacité de transformer l'environnement dans lequel elle évolue. Il faut donc étudier les diverses modalités d'adaptation mises en œuvre par les groupes ethniques et les interactions entre ces groupes.

On peut compléter cette explication matérialiste de l'émergence du capitalisme par l'analyse de Max Weber. Celui-ci considère qu'il existe une relation entre la morale protestante fondée sur le puritanisme et l'esprit du capitalisme représenté par la recherche rationalisée du profit.

LA POSTMODERNITÉ

Les sociétés industrielles ont connu trois évolutions majeures au cours de la seconde moitié du XXe siècle; ces évolutions concernent le travail, les inégalités et la structure sociale.

Les tendances récentes du changement social dans les pays occidentaux

Une part de plus en plus importante de femmes peut accéder à l'emploi salarié. Cependant, l'emploi féminin reste dévalorisé par rapport à celui des hommes. De plus, le travail des femmes a modifié le statut de l'emploi en permettant la multiplication des formes particulières de celui-ci (contrat à durée déterminée, intérim, temps partiel). Dans le même temps, les conditions de travail se sont dégradées.

Les inégalités persistent mais elles sont renouvelées : inégalités entre générations, entre actifs occupés et chômeurs, développement de nouvelles inégalités, notamment celles d'origine ethnique. De plus, les inégalités traditionnelles entre classes sociales s'accompagnent d'inégalités traversant les groupes sociaux.

La croissance de la classe moyenne a laissé la place à une structure sociale où on retrouve aux deux extrémités de la hiérarchie une bourgeoisie internationale surdiplômée et très mobile et de nouvelles classes populaires enfermées dans la précarité et leur appartenance ethnique d'origine.

La postmodernité

Pour le philosophe Jean-François Lyotard (*La Condition postmoderne*, 1979), la postmodernité « marque une époque où l'on admet toutes les cultures comme équivalentes ». Ainsi, l'ère postmoderne ne croit plus au progrès, à la science toute puissante. Elle remet en cause la supériorité de la culture occidentale pour mettre à l'honneur le métissage et la diversité culturels.

Source : Sciences humaines, *n° 180S, février 2007.*

Les mutations du capitalisme

Après la chute du mur de Berlin, le capitalisme semble entrer dans une nouvelle phase. Depuis le début des années 1990, la mondialisation exprime une nouvelle étape dans l'intégration économique, sociale et culturelle des pays constituant notre planète. Même si ce phénomène n'est pas nouveau, la mondialisation marque l'avènement des doctrines néo-libérales et les nouvelles technologies effacent les distances entre les communautés humaines : une logique de réseau se substitue à une logique de territoire, les cultures nationales s'uniformisent. Cependant, ce mouvement ne semble pas irréversible. Les États trouvent dans la mondialisation un nouveau rôle car seule la puissance publique a le pouvoir de la réguler. En outre, l'uniformisation culturelle s'accompagne paradoxalement d'une plus grande diversité culturelle.

69 LE MARCHÉ COMME INSTITUTION SOCIALE

Depuis le XVIIIe siècle, le marché est le sujet principal des discussions économiques. Les libéraux le considèrent comme un ordre naturel favorisant l'efficacité économique. Pour les anthropologues il est une construction sociale tardive dont l'inconvénient est de remettre en cause les liens sociaux traditionnels.

LE MARCHÉ, UNE INSTITUTION EN APPARENCE NATURELLE

Du marché aux marchés

Définir le marché n'est pas un exercice simple. En effet, il existe une multitude de marchés : marchés agricoles, marché de biens industriels, marché financier, marché du travail. Même pour un bien, il existe des micromarchés avec des règles de fonctionnement différents. Cependant, on peut dégager un certain nombre de caractéristiques communes à l'ensemble des marchés.

Chacun d'entre eux met en relation des agents économiques poursuivant des buts spécifiques. Les offreurs, ou vendeurs, cherchent à maximiser leur profit, ce qui suppose un calcul économique. Les demandeurs, ou acheteurs, désirent, pour un bien ou un service, le meilleur rapport qualité-prix, ce que la théorie économique nomme - d'une manière un peu pompeuse - la « maximisation de l'utilité sous contrainte du budget ».

Si les intérêts des offreurs et des demandeurs semblent contradictoires, le conflit est dénoué par l'échange, qui fait apparaître un prix exprimant le compromis, à l'issue d'ajustements, entre les intérêts divergents des acteurs économiques.

Relations marchandes et confiance

Les réseaux de relations jouent un rôle essentiel dans les rapports marchands. Or, ces réseaux sont fondés sur la confiance. Ainsi, les opérations boursières se font par téléphone, ce qui nécessite la confiance entre les opérateurs, car chacun doit « tenir parole ». À l'origine du commerce se trouvent des relations familiales et ethniques où les gens se connaissent et nouent entre eux des relations de fidélité.

Le marché pourvoyeur de liens marchands

La définition du marché comme lieu abstrait de rencontre entre l'offre et la demande est empirique. Les économistes vont chercher à donner une consistance théorique à ce marché en créant un modèle qui permet de penser son fonctionnement.

Cet idéaltype, dit de concurrence pure et parfaite (voir *Les Grandes Questions de l'économie contemporaine*, éditions l'Etudiant) favorise la formation d'un équilibre de marché qui maximise les intérêts de tous les agents économiques. Cependant, la réalité est très éloignée de ce modèle, car les marchés sont dominés par quelques grandes entreprises (les oligopoles) qui influencent la formation des prix. Ce prix, appelé prix d'équilibre par la théorie économique, constitue, selon les économistes libéraux, une situation idéale aussi bien d'un point de vue économique que social.

LE MARCHÉ, UNE INSTITUTION CONSTRUITE

Le marché, produit de l'intervention de l'État

Le marché en tant qu'institution centrale de l'économie est un phénomène relativement nouveau. En effet, il suppose l'intervention de l'État qui fixe le cadre de l'économie de marché en remettant en cause les relations sociales existantes. Cette action, souvent violente, permet de définir un cadre indispensable pour le bon fonctionnement du marché.

La première de ces institutions est de type juridique. La Révolution française est un bon exemple de la constitution d'un droit favorisant l'extension des rapports marchands. L'inviolabilité de la propriété individuelle et l'interdiction de toute forme de coalition rendent possible l'extension du marché comme forme dominante des relations économiques. *A contrario,* l'absence de règles dans les anciennes républiques socialistes freine le passage à l'économie de marché.

La seconde institution est la monnaie. La création, à partir du XVIIe siècle, des banques centrales détenant le monopole de création de la monnaie a été une étape indispensable pour le bon fonctionnement du marché. Si le rôle de l'État se renforce après la crise de 1929, puis après la Seconde Guerre mondiale, malgré les critiques des libéraux, c'est pour permettre au marché de compenser ses dysfonctionnements.

De l'économie de marché à la société de marché

Le débat autour du marché semble tourner court depuis l'effondrement des économies socialistes. Le marché a, historiquement, démontré sa supériorité. Malgré tout, une question reste en suspens.

Doit-on étendre les rapports marchands à l'ensemble de la société ?

Les libéraux répondent par l'affirmative car, pour Adam Smith, l'équilibre de marché favorise l'harmonie sociale.

D'autres, comme Karl Polanyi, montrent que le marché détruit les anciens rapports sociaux, ce qui logiquement entraîne l'apparition de nouveaux liens fondés sur le marché.

Cette société de marché est donc le corollaire de la primauté du marché dans l'économie. Mais il existe certains domaines échappant en partie ou totalement au marché, car l'individu social est d'une nature plus complexe que l'*Homo œconomicus*. La solidarité des organismes caritatifs ou le don dans la sphère domestique échappent encore à la logique du marché. Cependant, l'internationalisation des rapports marchands et la montée de l'individualisme menacent de faire céder les digues empêchant la généralisation des relations marchandes dans l'ensemble des sphères de la vie sociale.

> **La sociologie économique**
>
> **La sociologie économique étudie les phénomènes économiques selon les instruments offerts par la méthode sociologique (enquêtes, typologie, analyse comparative, analyse de réseau). La sociologie économique apparaît à la fin du XIXe siècle ; elle s'intéresse aux relations marchandes en considérant qu'elles sont socialement construites. Par exemple, on montrera comment certains réseaux sociaux (ethniques notamment) sont plus efficaces pour créer des entreprises.**

70 PROGRÈS TECHNIQUE, INNOVATION ET SOCIÉTÉ

Le progrès technique correspond à l'ensemble des savoirs techniques et organisationnels qui favorisent la hausse de la productivité du travail. Il est alimenté par l'innovation, application économique d'une invention aux multiples enjeux sociaux.

LES CONDITIONS SOCIALES DE L'INNOVATION

Innover, c'est d'abord changer. Dans les sociétés « traditionnelles », aucun acteur n'envisage le changement provoqué par l'homme, car l'ordre « naturel » des choses s'impose à chacun.

Le rôle des mentalités

L'innovation suppose l'affaiblissement de la « conscience collective » définie par Durkheim comme « l'ensemble des croyances et des sentiments communs d'une même société qui forme un système déterminé ayant sa vie propre ». En effet, l'individu encadré par un système de valeurs et de normes trop prégnantes ne peut envisager de changer le cours des choses. L'innovation est par définition un pari. Comme le changement introduit par l'innovateur présente un risque d'échec, toute innovation impose, de la part de celui qui l'engage, un esprit de calcul et de prévision. L'innovation suppose donc, selon Joseph Aloïs Schumpeter l'existence d'entrepreneurs pionniers animés par l'esprit d'entreprise, la volonté de « réaliser quelque chose » et surtout l'appât du gain.

> **La destruction créatrice**
>
> En provoquant une substitution du capital au travail, en rendant obsolètes les anciennes techniques, le progrès technique supprime des emplois. Certes, il en fait naître de nouveaux en générant de nouvelles activités, en favorisant la réduction du temps de travail et la consommation de loisirs. Mais les emplois créés sont de plus en plus qualifiés et exigent des compétences techniques de plus en plus pointues en même temps qu'une polyvalence accrue, ainsi que des qualités sociales telles que l'aptitude à la communication et la capacité d' « apprendre à apprendre ». L'innovation suppose donc une adaptation et une continuelle reconversion qui accroît le risque d'exclusion sociale pour ceux qui en sont incapables.

Le rôle des structures sociales

L'innovation apparaît et se propage plus facilement à l'ensemble de la société si celle-ci est composée d'une population jeune, formée, pouvant faire preuve de créativité. L'État doit donc investir dans le capital humain, mais il doit aussi engager des mesures favorables aux changements techniques : d'abord en impulsant ou soutenant l'effort de recherche, compte tenu du coût de cette dernière, ensuite en mettant en œuvre des politiques rendant l'avenir moins incertain (les investissements que suppose l'innovation ne sont rentabilisés qu'à long terme) et d'autres permettant de compenser les coûts sociaux de l'innovation afin de faire accepter cette dernière.

Enfin, l'État doit assurer un environnement concurrentiel et ouvert car l'apparition et le développement de l'innovation ne peuvent avoir lieu que dans un système social dans lequel les acteurs sont en compétition.

LES EFFETS SOCIAUX DU PROGRÈS TECHNIQUE

Le débat est vif au sujet du progrès technique. Pour les uns, le bilan est positif, il est désastreux pour les autres.

Les effets bénéfiques sur les niveaux et modes de vie

Par le biais des gains de productivité qu'il entraîne, le progrès technique est à l'origine d'une hausse du pouvoir d'achat des revenus. En effet, l'efficacité accrue du travail permet une production plus importante de richesses donc une distribution de revenus plus importante, ainsi qu'une baisse des prix. Les sociétés occidentales sont donc entrées dans l'ère de la consommation de masse en même temps qu'elles ont connu un changement dans la structure de la consommation, les ménages pouvant diversifier celle-ci. Le progrès technique stimule aussi d'autres changements structurels ; ainsi, la première révolution industrielle a donné naissance à l'urbanisation. Les progrès enregistrés dans les techniques favorisent également l'allongement de l'espérance de vie et permettent d'alléger, voire de supprimer, de nombreuses tâches pénibles, et par conséquent d'accroître le temps de loisir. Les nouvelles technologies de l'information et de la communication (Internet, téléphone portable, etc.) facilitent les échanges, participent à l'augmentation du niveau de formation et offrent un moyen de défendre les libertés et de développer la démocratie.

Les consommateurs et les OGM

Les consommateurs se méfient des OGM. Selon un sondage Greenpeace-CSA publié mi-septembre [2006], 86 % des Français sont favorables à une interdiction totale (28 %) ou temporaire (58 %) de leur production et de leur consommation. Et 66 % s'inquiètent à l'idée de manger des produits faisant entrer des OGM dans leur fabrication. Pour savoir si un produit en contient, le consommateur doit se référer à l'étiquette. Un règlement européen, applicable depuis 2004, a renforcé les obligations d'étiquetage pour l'alimentation humaine et animale.

Laetitia Clavreul, Le Monde *du 14 octobre 2006.*

Les effets pervers du progrès technique

De l'effet de serre à la crise de la « vache folle » en passant par les risques du nucléaire, nombreux sont les exemples qui prouvent que les conséquences des inventions humaines ne sont pas toujours correctement maîtrisées, au point de constituer une menace pour les équilibres de la planète. De même, les techniques de procréation médicalement assistée et les recherches sur la carte du génome humain, bien que porteuses d'espoirs pour l'amélioration du genre et de la condition humaine, posent de nombreux problèmes d'ordre éthique face au risque d'eugénisme qu'elles présentent. Joseph Aloïs Schumpeter avait mis en évidence dans son analyse des cycles en 1939 que le progrès technique est source de « destruction créatrice ».

REPÈRES BIBLIOGRAPHIQUES

■ Fiches 58 et 59 sur la démographie

- *Daniel Noin et Yvan Chauviré,* La Population de la France, *coll. « U », Armand Colin, 1999.*
- *Pascal Pochet,* Les Personnes âgées, *coll. « Repères », La Découverte, 1997.*

■ Fiche 60 « Consommation, niveaux et modes de vie »

- *Nicolas Herpin et Daniel Verger,* La Consommation des Français, *coll. « Repères », La Découverte, 1999.*

■ Fiches 61 et 62 sur la culture

- *Pierre Bourdieu,* La Distinction, Critique sociale du jugement, *éditions de Minuit, 1979.*
- *Gérald Leclerc,* La Mondialisation culturelle, *PUF, 2000.*
- *Jean-Pierre Warnier,* La Mondialisation de la culture, *coll. « Repères », La Découverte, 1999.*

■ Fiche 63 « L'immigration »

- *Marie-Claude Blanc-Chaléard,* Histoire de l'immigration, *coll. « Repères », La Découverte, 2001.*
- *Conseil économique et social,* Les Défis de l'immigration future *(rapport présenté par Michel Gevrey), Éditions du CES, 2003.*
- *François Héran,* Le Temps des immigrés, *coll. « République des idées », Le seuil, 1967.*

■ Fiche 64 « Les changements dans les valeurs religieuses »

- *Claude Dubar,* La Crise des identités, *PUF, 2000.*
- *Frédéric Lenoir,* Les Métamorphoses de Dieu. *La Nouvelle Spiritualité occidentale, Plon, 2003.*

■ Fiches 65 et 66 sur les loisirs et le sport

- *Daniel Mothé,* L'Utopie du temps libre, *coll. « Société », Esprit, 1997.*
- *Pascal Duret,* Sociologie du sport, *Petite bibliothèque Payot, Éditions Payot et Rivages, 2004.*
- *Norbert Élias et Éric Dunning,* Sport et civilisation, la violence maîtrisée, *Fayard, 1994.*

■ Fiche 67 « Les analyses du changement social »

- *Guy Groux,* Le Conflit en mouvement, *Hachette, 1996.*
- *Alexis Trémoulinas,* Sociologie des changements sociaux, *coll. « Repères », La Découverte, 2006.*

■ Fiche 68 « Le marché comme institution sociale »

- *Mark Granovetter,* Le Marché autrement, *Desclée de Brouwer, 2000.*
- *Karl Polanyi,* La Grande Transformation, *Gallimard, 1983.*

■ Fiches 69 et 70 sur l'innovation et les progrès techniques

- *Joseph Aloïs Schumpeter,* Théorie de l'évolution économique, *Dalloz, 1999 (1re publ. en 1912).*
- *Jean-Hervé Lorenzi et Jean Bourlès,* Le Choc du progrès technique, *Economica, 1995.*

Des sujets de dissertation

- « Le XXIe siècle sera religieux ou ne sera pas ». Cette affirmation d'André Malraux vous semble-t-elle devoir se vérifier ?
- La technique libère-t-elle l'homme ?
- La civilisation des loisirs est-elle le stade ultime du développement ?
- Selon vous, quelle est la place du sport dans la société contemporaine ?
- La religion rapproche-t-elle les hommes ?

BIBLIOGRAPHIE GÉNÉRALE

Pour débuter

■ Manuels

- *Rémy Le Saout,* Guide pour comprendre la sociologie, *Vuibert, 2002.*
- *Patrick Champagne,* La Sociologie, *Milan-Les Essentiels, 1998.*

■ Dictionnaire

- *Jean Étienne (sous la dir.),* Dictionnaire de sociologie, *collection « Initial », Hatier, 1997.*

Pour approfondir

■ Manuels

- *Philippe Cabin et Jean-François Dortier (sous la dir.),* La Sociologie, histoire et idées, *éditions Sciences humaines, 2000.*
- *Bernard Lahire (sous la dir.),* À quoi sert la sociologie ?, *La Découverte, 2002.*

■ Dictionnaire

- *Raymond Boudon et François Bourricaud,* Dictionnaire critique de la sociologie, *coll. « Quadrige », PUF, 2000.*

En histoire

- *Danilo Martucelli,* Sociologies de la modernité, *collection « Folio », Gallimard, 1999.*
- *Charles-Henry Cuin et François Gresle,* Histoire de la sociologie *(2 volumes), coll. « Repères », La Découverte, 1996.*

Sur la société française

- *Yves Crozet, Dominique Bolliet, François Faure, Jean Fleury,* Les Grandes Questions de la société française, *Nathan, 2000.*
- *Olivier Galland et Yannick Lemel,* La Nouvelle Société française : trente années de mutation, *collection « U », Armand Colin, 1998.*
- *« La société française contemporaine », Cahiers français, n° 291,* La Documentation française, *1999.*
- *« La France en mutation »,* Sciences humaines, *hors-série n° 26, 1999.*

INDEX

A

B

C

D

E

F - G

H

I

J

L

M

U – V

W – Z

DONNEZ-NOUS VOTRE AVIS !

Ce livre est remis à jour régulièrement.
Pour l'améliorer, votre avis nous est indispensable.
N'hésitez pas à nous communiquer critiques et suggestions.

Vous pouvez également entrer en contact avec nous
par e-mail : collection@letudiant.fr

....
....
....
....
....
....
....
....
....
....
....
....
....
....
....
....
....

Nom .... Prénom ....
Âge .... Niveau d'études ....
....
Adresse ....
.... tél. ....

À retourner à Olivier Rollot,
« Les Guides de l'Etudiant »
27, rue du Chemin-Vert - 75543 Paris cedex 11
Connaissance 2 - 08/2007

Éditions l'Etudiant

Directeur de collection : Olivier Rollot.

Directrice adjointe de collection : Maëlla Ruellan.

Assistante de collection : Marion Quentin.

Édition :
Cécile Coursol, Frédérique Letourneux.

Secrétariat de rédaction/maquette :
Christine Chadirac (première secrétaire de rédaction),
Nilala Haddadi.

Visuel :
Directrice artistique : Evelyne Voillaume.
Conception couverture : Elsa Daillancourt.
Conception granphique : Éliane Degoul.
Iconographe : Gertrude O'Byrne.

Fabrication : Sabine Enders.

Diffusion : Emmanuelle Ould-Aoudia.

Communication :
Directrice : Delphine Cantat.
Maude Sabatou, Élisabeth Zérahian.

Documentation :
Directrice : Delphine Pietton.
Fonds général : Natalie Fernandez, Elsa Pytkowicz.
Écoles : Thérèse Arnault, Véronique Curely, Delphine Escrouzailles.
Universités : Grégory Lannes, Julia Nadot-Leblanc.
Alternance : Jeanne Levavasseur.
Assistante : Marie-Odile Wettstein.

Commercial :
Directrice : Chrystèle Mercier.

27, rue du Chemin-Vert, 75543 Paris cedex 11

Dépôt légal : août 2007
Imprimé en France

Imprimerie EMD S.A.S. - N° d'imprimeur : 17731
ISBN 978-2-84624-768-9
ISSN 1262-327X

Série Connaissance